Annette Zimmer
Holger Krimmer
Freia Stallmann
Frauen an Hochschulen: Winners among Losers

Annette Zimmer
Holger Krimmer
Freia Stallmann

Frauen an Hochschulen:
Winners among Losers

Zur Feminisierung der deutschen
Universität

Verlag Barbara Budrich,
Opladen & Farmington Hills 2007

Bibliografische Informationen der Deutschen Nationalbibliothek
Die Deutsche Nationalbibliothek verzeichnet diese Publikation in der Deutschen
Nationalbibliografie; detaillierte bibliografische Daten sind im Internet über
http://dnb.d-nb.de abrufbar.

Gedruckt auf säurefreiem und alterungsbeständigem Papier.

© 2007 Verlag Barbara Budrich, Opladen & Farmington Hills
www.budrich-verlag.de

ISBN 3-86649-010-0
ISBN 978-3-86649-010-9

Umschlaggestaltung: disegno visuelle kommunikation, Wuppertal – www.disenjo.de
Druck: DruckPartner Rübelmann, Hemsbach
Printed in Germany

Inhaltsverzeichnis

2. Wissenschaftskarriere an deutschen Hochschulen – Ergebnisse einer repräsentativen Befragung

Tabellen

9

Abbildungen

Vorwort

„Winners among Losers" – ein ernüchternder Titel für eine Publikation zu den Karriere- und Aufstiegschancen von Wissenschaftlerinnen an Universitäten! Diese scharfsinnige Beurteilung der aktuellen Entwicklung ist meiner Kollegin Renata Siemienska von der Universität Warschau zu verdanken, die in einem Artikel, publiziert im „European Journal of Higher Education", die Entwicklung der Hochschullandschaft in Polen seit Anfang der 1990er Jahre kritisch in den Blick genommen hat (Siemienska 2000). Im Rahmen unserer empirischen Untersuchungen *„Women in European Universities"*, durchgeführt unter dem Dach des Research and Training Network, zeigte sich jedoch schon bald, dass diese Einschätzung keineswegs auf Polen beschränkt ist, sondern die Entwicklung der Universitätssysteme in einer ganzen Reihe europäischer Länder ganz gut charakterisiert.

Die Feminisierung der Universitäten im Sinne einer deutlichen Erhöhung des Anteils von Frauen auf allen Qualifikations- und Karrierestufen der Universität, angefangen bei den Studierenden bis hin zu den Top-Positionen der universitären Leitungsebene, ist bereits voll im Gange. Gleichzeitig verlieren die Universitäten nahezu flächendeckend in Europa an Prestige. Im Kern erfolgt derzeit ein Wandel der Universität vom „Elfenbeinturm" zu outputorientierten Lernfabriken. Diese Entwicklung war vorherzusehen und ist im Wesentlichen dem Wandel der Erfordernisse unserer modernen Dienstleistungsindustrie geschuldet. Europa braucht viele gut ausgebildete und auf die Erfordernisse des veränderten Arbeitsmarktes hin geschulte Kräfte. Insofern wird mit der Einführung gestufter Studiengänge, der Stratifizierung der Universitätslandschaft in Exzellenzzentren einerseits und „Lernfabriken fürs „Fußvolk" andererseits eine Veränderung der Wissenschaftslandschaft auch in Deutschland nachgeholt,

13

die bei der Ausweitung des Bereichs der tertiären Bildung in den 1970er Jahren mit sehr negativen Folgen für die Universitäten versäumt wurde.

Welche Rolle kommt den Frauen in diesem Veränderungsprozess der Hochschullandschaft zu? Wie in anderen Bereichen unserer Dienstleistungsindustrie der Zweiten Moderne übernehmen sie auch in der tertiären Bildung die Funktion einer „Reservearmee" der Arbeitskräfte und Dienstleister. Parallel zur Feminisierung der Universitäten erfolgt eine Entwicklung, die ebenfalls aus anderen Sektoren bekannt ist: Wenn die Frauen kommen, gehen die Gehälter runter und das Prestige verloren. Man kann diesen Trend bedauern und beklagen. De facto haben wir uns jedoch damit abzufinden und vor allem Sorge dafür zu tragen, dass die Arbeitsbedingungen sich insbesondere für junge Wissenschaftlerinnen nicht noch weiter verschlechtern und dass ihnen Möglichkeiten des Um- und Aufstiegs von den „peripheren Universitäten" zu den Exzellenzzentren offen bleiben. Wozu man ebenfalls beitragen kann, ist eine Verbesserung des „Klimas" an den Universitäten. Diese sind nach wie vor, wie im vorliegenden Band anhand der Ergebnisse einer repräsentativen Umfrage leicht abzulesen ist, noch insofern stark männlich geprägt, als die Feminisierung dieser Institution aus der Binnenperspektive bisher kaum oder nur bedingt zur Kenntnis genommen wird. Wissenschaftlerinnen sind an ihren Heimatuniversitäten und Instituten noch nicht voll integriert. In ihrer Selbstwahrnehmung sehen sie sich als nicht voll akzeptiert von ihrer *Scientific Community* an. Versäumnisse und eklatante Mängel in puncto Personalpolitik und Personalentwicklung der Universitäten scheinen hier deutlich zu Tage zu treten.

Der vorliegende Band, der Karrierewege und -hindernisse von Akademikerinnen an deutschen Universitäten thematisiert, ist im Kontext des von der Europäischen Union geförderten Forschungs-

und Ausbildungsnetzwerkes „*Women in European Universities*" entstanden. Wir – Kolleginnen aus sieben europäischen Ländern – hatten uns Ende der 1990er Jahre vorgenommen, den Gründen für die Unterrepräsentanz von Frauen unter der Professorenschaft an den Universitäten in unseren Ländern nachzuspüren. Wir, dies sind Prof. Dr. Erna Appel von der Universität Innsbruck, Dr. Nicky LeFeuvre Ph.D. von der Universität Toulouse-Le Mirail, Prof. Dr. Renata Siemienska von der Universität Warschau, Prof. Dr. Paloma de Vilotta von der Universität Complutense de Madrid, Prof. Dr. Antoinette Hetzler von der Universität Lund und Dr. Mary Ann Elston von der Universität London Royal Holloway sowie Prof. Dr. Annnette Zimmer von der Universität Münster.

Ich möchte hier die Gelegenheit nutzen, meinen Kolleginnen ein ganz herzliches Dankeschön für die Zusammenarbeit und Unterstützung auszusprechen. Danken möchte ich auch in ganz besonderer Weise Frau Dr. Barbara Laubenthal, deren Energie, Einsatz und Networking es zu verdanken ist, dass unser „Frauenteam" einen erfolgreichen Antrag in Brüssel lancieren konnte. Gleichzeitig soll auch nicht verschwiegen werden, dass unsere Kooperation nicht immer einfach war. Gerade der Start unseres Netzwerkes wurde überschattet von Problemen hinsichtlich der vertraglichen Gestaltung des Forschungsvorhabens von Seiten der EU. Dass wir diese problematische Startphase überwinden konnten, verdanken wir vor allem dem Einsatz und der guten Beratung durch die Mitarbeiter der Administration der Münsteraner Universität. Mein Dank geht vor allem an den viel zu früh verstorbenen Dr. Christoph Stegtmeyer sowie an Herrn Michael Zumsande, der uns immer und auch heute noch mit Rat und Tat sowie gutem Augenmaß zur Seite steht. Einen wesentlichen Anteil an dem guten Gelingen des Projektes hatte in der Folge Frau Dr. Ece Göztepe-Celebi, die in Münster das Projekt koordiniert und administrativ

15

betreut sowie in wesentlichen Aspekten inhaltlich vorangebracht hat. Beide – Frau Dr. Laubenthal wie Frau Dr. Göztepe-Celebi – sind der Universität erhalten geblieben und arbeiten und lehren heute in Bochum sowie in Ankara. Unser Team in Münster wurde weiter ergänzt durch Prof. Dr. Klaus Schubert, der vor allem in der schwierigen Anfangsphase ein wichtiger Ansprechpartner für die dem Projekt angeschlossenen Doktorandinnen und Doktoranden war.

Im vorliegenden Band sind primär die Ergebnisse der Deutschlandstudie des Research and Training Netzwerkes zusammengestellt. Hieran hat eine ganze Reihe von KollegInnen mitgewirkt, denen ich an dieser Stelle ebenfalls ganz herzlich danken möchte. Die Durchführung der groß angelegten repräsentativen Befragung unter deutschen ProfessorInnen war nur möglich dank der Förderung des Bundesministeriums für Bildung und Forschung. Mein Dank geht hier insbesondere an den ehemaligen Staatssekretär des Ministeriums und Münsteraner Bürger Wolf-Michael Catenhusen. Wesentliche Unterstützung hat das Münsteraner Team auch von Frau Dr. Sabine Gieske vom Deutschen Luft- und Raumfahrtzentrum erhalten, die für die Betreuung der Befragung als Mitarbeiterin des Projektträgers des Ministeriums zuständig war. Wesentlichen Anteil an der Realisierung der Befragung und an den Recherchen im Umfeld hatten ferner Dr. Agnieszka Majcher von der Universität Warschau, Dr. Anett Schenk von der Universität Lund und Dr. Jessica Bösch von der Universität Innsbruck, die im Kontext des Netzwerkes ihre Promotionen erarbeitet haben.

Die Feldphase der Befragung wurde vom Sozialwissenschaftlichen Umfragezentrum (SUZ GmbH) in Duisburg unter Leitung des Kollegen Prof. Dr. Frank Faulbaum durchgeführt. Für die gute Kooperation möchte ich mich an dieser Stelle ebenfalls bedanken. Holger Krimmer, der Koautor des vorliegenden Bandes, war maßgeblich an der Durchführung der deutschen Teilstudie beteiligt und hat unter anderem die Datenauswertung und -interpretation sowie einen Teil der Vertextung der Ergebnisse vorgenommen. Freia Stallmann, ebenfalls Koautorin der Deutschlandstudie, hat wesentlich dazu beigetragen, dass die Ergebnisse der Befragung im vorliegenden Band vor dem Hintergrund einer kritischen Darstellung der historischen Entwicklung sowie des statistischen Profils der Universitätslandschaft in Deutschland präsentiert und diskutiert werden. Den beiden KoautorInnen möchte ich an dieser Stelle ebenfalls ganz herzlich danken. Für die Durchsicht und die kritischen Anmerkungen des Manuskriptes möchte ich mich auch im Namen der KoautorInnen bei Dr. Beate Kortendiek vom Netzwerk Frauenforschung NRW bedanken, die sehr hilfreiche Tipps und Hinweise gegeben hat. Nicht zuletzt geht ein großes Dankeschön an Ursula Gerlach, die den Band Korrektur gelesen hat, sowie an Anton Basic, der in Absprache mit dem Verlag die Formatierungen und die Einbindung der Tabellen vorgenommen hat. Unserer Verlegerin Barbara Budrich danke ich für ihre Geduld und Nachsicht mit säumigen AutorInnen. Allen, die am Zustandekommen des Bandes ebenfalls mitgewirkt haben, die ich aber jetzt nicht explizit genannt habe, sei an dieser Stelle ebenfalls herzlich gedankt.

Einleitung

Frauen sind die Gewinner der Bildungsreformen. Noch nie haben so viele Frauen in Deutschland erfolgreich die Universität besucht wie gegenwärtig. Dies macht sich inzwischen auch auf den obersten Stufen der akademischen Karriereleiter bemerkbar. In den letzten Jahren sind deutlich mehr Frauen in Leitungspositionen an deutsche Universitäten berufen worden. Dies trifft für Professuren ebenso zu wie für Führungsstellen in der universitären Administration.

Gleichzeitig steht die Zukunfts- und Reformfähigkeit der Hochschulen aktuell ganz oben auf der politischen Agenda. Das Universitätssystem in Deutschland durchläuft zurzeit einen nachhaltigen Veränderungsprozess. Längst ist die Alma Mater kein „Elfenbeinturm" mehr. Zunehmend werden die Hochschulen aus der engen Führung der Ministerien entlassen und sehen sich konfrontiert mit steigenden Anforderungen an ihr Profil, ihre Effizienz und ihren Output auf dem Weg zu einem nach betriebswirtschaftlichen Kriterien geführten Dienstleistungsbetrieb. Wichtige Ziele hierbei sind Qualitätssicherung in der Lehre, Förderung der Innovationsfähigkeit in der Forschung und Internationalisierung der Hochschulen in Forschung und Lehre.

Dieses ehrgeizige Programm ist jedoch nur zu erreichen, wenn die Universität als Arbeitsplatz attraktiv bleibt und hoch qualifizierte junge Wissenschaftler und Wissenschaftlerinnen gleichermaßen dazu einlädt, ihre berufliche Zukunft als forschende Lehrende hierzulande zu gestalten. Beide Ziele, die Tätigkeit an der Universität auch weiterhin attraktiv zu halten und junge Wissenschaftlerinnen in gleichem Maße wie ihre männlichen Kollegen in den Forschungs- und Lehrbetrieb zu integrieren, sind wichtige Voraussetzungen dafür, dass Deutschland als Wissenschaftsstandort international konkurrenzfähig bleibt. Die Umsetzung der Zielsetzung einer adäquaten Integration speziell von Wissenschaftlerinnen in den Universitätsalltag ist in Deutschland jedoch kritisch zu betrachten.

Im europäischen Vergleich rangiert Deutschland noch immer auf dem vorletzten Platz bezüglich des Frauenanteils am wissenschaftlichen Personal im Hochschulbereich (European Commission 2006). Die Gründe für die Unterrepräsentation von Frauen in der Professorenschaft der deutschen Universitäten sind vielfältig. Das historische Erbe und der daraus resultierende „Geschlechtervertrag" (Daly 2000) sind hier sicherlich vorrangig zu nennen. Vor diesem Hintergrund ist es auch nicht verwunderlich, dass Gleichstellung in puncto Bildung erst relativ spät im Zuge der Reformpolitik der sozialliberalen Koalition in Deutschland thematisiert wurde (Schenk 2005: 167ff.). Seitdem haben Frauen als Studierende und Absolventinnen in einem beachtlichen Umfang an den Universitäten an Terrain gewonnen. Inzwischen sind auch die Führungspositionen durchlässiger geworden.

Parallel zu dieser zunehmenden „Feminisierung" erfolgt jedoch ein Prestige- und Bedeutungsverlust der deutschen Universitäten als ehemals elitäre Institutionen. Seit den 1970er Jahren hat das tertiäre Bildungssystem in Deutschland tief greifende Prozesse der Veränderung und insbesondere der Ausweitung und damit „Massifizierung" erfahren, die nicht ohne Auswirkungen auf die Karrierewege, den Arbeitsalltag und nicht zuletzt auf den Verdienst und das Prestige des Berufs des Hochschullehrers bzw. der Hochschullehrerin geblieben sind.

Frauen sind insofern die *„Gewinner unter den Verlierern"* in diesem Veränderungsprozess, als sie in der ehemaligen Männerdomäne Universität merklich an Bedeutung gewinnen. Allerdings erfolgt dies zeitgleich mit dem Wandel der Universität von einer elitären Institution zu einem „kundenorientierten Dienstleistungsbetrieb". Auf die Universität Humboldtscher Prägung, einst Vorzeigemodell und Ex-

20

portprodukt in die angelsächsische Welt, wird in der aktuellen Debatte über die Entwicklung von Forschung und Lehre in Deutschland nur noch bedingt Bezug genommen.

Mit dem neuen Fokus auf die Output-Effizienz der deutschen Hochschulen sind auch die Themen der hochschulpolitischen Debatte der 1970er und 1980er Jahre gänzlich aus der Mode gekommen. Insofern wird nicht mehr unter dem Aspekt der Chancengerechtigkeit diskutiert, dass Frauen inzwischen die Mehrheit der Studierenden an deutschen Hochschulen ausmachen und Akademikerinnen sich zunehmend auf ausgeschriebene Professuren bewerben, aber dennoch immer noch vergleichsweise wenig Wissenschaftlerinnen berufen werden oder sich an der Spitze deutscher Forschungsinstitute und Universitäten befinden. Ist die Feminisierung der Universität längst eine Tatsache, so haben sich andererseits die Institutionen in ihrer Organisationskultur bisher nur bedingt auf diesen Wandel eingestellt.

Der vorliegende Band diskutiert, warum der Karriereweg zur Professur für Akademikerinnen in Deutschland immer noch schwierig ist, obwohl die deutschen Universitäten in den letzten Jahrzehnten für Frauen zugänglicher und offener geworden sind. Hierzu wird im ersten Teil unter besonderer Berücksichtigung der verschiedenen „Reformphasen" zunächst ein Überblick über die Entwicklung des Universitätssystems in Deutschland gegeben. Daran anschließend werden Karrierewege und -strukturen an den hiesigen Universitäten vorgestellt und die diesbezüglichen aktuellen Veränderungen mit ihren möglichen Folgen behandelt sowie eine Übersicht bzw. ein statistisches Profil der deutschen Universitätslandschaft mit Blick auf Trends zur Privatisierung gegeben. Daran anschließend wird die Thematik „Frauen und Wissenschaft" behandelt, wobei der Schwerpunkt auf dem Nachvollziehen der „Feminisierung" der Universität, d. h. der Zunahme von weiblichen Universitätsangehörigen auf den verschiedenen Qualifikationsstufen liegt. Der erste Teil des Bandes wird abgerundet mit einem Überblick zum Thema Frauen in der Wissenschaft.

Vor diesem Hintergrund wird im zweiten Teil des Bandes der Frage nachgegangen, ob das Geschlecht in der Wissenschaftskarriere einen Unterschied macht. Als Grundlage hierfür werden die Ergebnisse einer repräsentativen Umfrage unter deutschen ProfessorInnen vorgestellt und kritisch diskutiert, die im Rahmen des von der Europäischen Union geförderten Forschungs- und Ausbildungsnetzwerkes *„Women in European Universities"*[1] durchgeführt und dank der Unterstützung des Ministeriums für Bildung und Forschung realisiert werden konnte.

Im Rahmen der Untersuchung wurden mehr als 1000 Professorinnen und Professoren an deutschen Hochschulen in einer breiten Palette ausgewählter Disziplinen nach ihrer Motivation und ihren Erwartungen bei der Entscheidung für eine Karriere als HochschullehrerIn befragt. Die Karrierewege der heutigen ProfessorInnen wurden rekonstruiert und die jeweilige Stellensituation auf dem Weg zur Professur beleuchtet. Doch auch der Arbeitsalltag einerseits und die damit verbundene Performanz bzw. der wissenschaftliche Output der ProfessorInnen andererseits wurden vergleichend ermittelt. Weitere wichtige Themen der empirischen Untersuchung, die als Vollerhebung unter den weiblichen Professoren in den ausgewählten Disziplinen angelegt war, waren die Vereinbarkeit von Familie und Beruf sowie die Selbstwahrnehmung und damit die Einschätzung insbesondere der Professorinnen, ob und inwiefern sie in den Wissenschaftsbetrieb integriert sind und sich gleichberechtigt mit ihren männlichen Kollegen als akzeptiert von der *Scientific Community* betrachten.

---

1 Vgl. http://csn.uni-muenster.de/women-eu und http://csn.uni-muenster.de/WiKa.

Die Ergebnisse der Untersuchung vermitteln ein facettenreiches Bild der Karrierewege und des universitären Alltags, wobei Gemeinsamkeiten, aber auch klare Unterschiede zwischen den Professorinnen und ihren männlichen Kollegen deutlich werden. Die Ergebnisse der Untersuchung machen vor allem deutlich, dass bis zur Erreichung des Gleichheitspostulats an deutschen Hochschulen noch ein weiter Weg zurückzulegen ist.

Allerdings trifft diese kritische Einschätzung nicht nur für die deutsche Situation zu. Wie die Ergebnisse des Forschungs- und Ausbildungsnetzwerkes *„Women in European Universities"* deutlich machen, auf die in einem den Band abrundenden Ausblick eingegangen wird, befindet sich die Universitätslandschaft in Europa insgesamt in einem grundlegenden Veränderungsprozess. Sowohl die Feminisierung als auch der Prestigeverlust der Universität sind europaweit zu beobachten. Auch hinsichtlich der Frage, ob und inwiefern sich Professorinnen an ihrer Hochschule „zu Hause" und damit akzeptiert und anerkannt empfinden, lassen sich auf der Basis der Ergebnisse des Netzwerks interessante Parallelen zur deutschen Situation aufzeigen.

1. Deutschlands Hochschulsystem

1.1 Historischer Rückblick

Die Entwicklung des deutschen Hochschulsystems ist tief im Anfang des 19. Jahrhunderts verwurzelt. Der Sieg Napoleons über die preußische Armee bei Jena und Auerstedt im Jahr 1806 führte zu einer weit reichenden Umstrukturierung der Institutionen des preußischen Staates, darunter auch der Universitäten. Letztere bildeten die Basis für die moderne Forschungsuniversität in Deutschland, verkörpert durch die von 1808 bis 1810 erbaute Universität Berlin. Wilhelm von Humboldts Beitrag war dabei insofern zentral, als die Grundprinzipien, die seiner Universität zu Grunde liegen – akademische Freiheit in Forschung und Lehre – zum Referenzmodell in der gesamten deutschen Hochschulentwicklung wurden (Ellwein 1992; Turner 2001; Huisman 2003).

Das preußische Universitätssystem als Modell für die weitere Hochschulentwicklung in Deutschland basierte auf der produktiven Spannung zwischen akademischer und Verwaltungssphäre. Akademische Fragen wurden von Wissenschaftlern kontrolliert, Entscheidungen bezüglich Personal und Finanzen lagen in den Händen von Verwaltungsbeamten. Während also hauptsächlich die Professoren die Macht innerhalb der Institution Universität innehatten, war die Autonomie der Universität durch Verwaltungsbeamte eingeschränkt, die den Zugang zu Beamtenpositionen bei Neueinstellungen eifersüchtig bewachten (Katzenstein 1987: 298). Wilhelm von Humboldt war der Meinung, ein System geschaffen zu haben, in dem „weise Minister" eine unabhängige wissenschaftliche Ressource – die Universität – förderten, während diese im Gegenzug wiederum „weise Mi-

25

nister" für die Übernahme von Regierungs- und Verwaltungsaufgaben qualifizierte.

Die Humboldtsche Universität lässt sich demnach als eine Art „Idealtypus" charakterisieren, welcher zusammen mit dem französischen napoleonischen System unter das kontinentaleuropäische Hochschulmodell fällt, das dem angelsächsischen Modell gegenübersteht. Die kontinentaleuropäischen Systeme sind traditionell durch eine ausgeprägte Staatsaufsicht im Hochschulbereich gekennzeichnet. Die Reform der preußischen Universitäten durch Wilhelm von Humboldt nach der Niederlage bei Jena und Auerstedt und die Schaffung der Université Imperiale durch Napoleon I. zwischen 1806 und 1808 führten zum umfassenden Wandel der Universität in eine öffentliche Institution. Beide Reformen situierten die Universität im Aufgabenbereich des Staates, unterwarfen sie nationaler Kontrolle durch legislative Entscheidungen und öffneten den Weg für die staatliche Finanzierung (Neave 2001: 25-26; Maassen 1997: 112-113). Der Prozess der Inkorporation der Universität in den Nationalstaat folgte dem Trend zu administrativer Rationalisierung und rechtlicher Kodifizierung im Rahmen der Aufklärungsbewegung des 18. und frühen 19. Jahrhunderts. Er war Teil der Transition vom Machtstaat zum Rechtsstaat. Symbolisch für die feste Bindung der Universität an den Staat sind die Knüpfung staatlicher Ämter an bestimmte Universitätsabschlüsse sowie die Verbeamtung des wissenschaftlichen Personals, wie man sie in den kontinentaleuropäischen Systemen findet (Neave 2001: 19).

Im Gegensatz zum kontinentaleuropäischen System zeichnet sich das angelsächsische durch geringere staatliche Regulierung und größere Entscheidungsspielräume der Universitäten aus. In England entwickelten sich öffentliche Verwaltung und Universität getrennt und Letztere blieb eine selbstverwaltete Organisation mit Eigentumsrechten im Sinne der mittelalterlichen Universitätsgemeinschaft. Angelsächsische Universitäten wählen ihr Personal und ihre Studierenden ohne staatliche Einflussnahme aus, gestalten ihre Curricula ohne fachliche Aufsicht der Ministerialregierung und verleihen ihre Abschlüsse selbst (Brennan/Shah 2000: 25). Zwar wird in der Literatur darauf hingewiesen, dass die Universitäten in der Praxis zu keiner Zeit und in keinem Land von staatlicher Intervention völlig frei waren, auch nicht in Großbritannien (Farnham 1999: 19). Dennoch betonte die angelsächsische Tradition schon immer stärker die Rolle des Staates als *facilitory state*, der eine Distanzsteuerung vornimmt, während in Deutschland die Universitäten zunehmend in die staatliche Verwaltung der Bundesländer integriert wurden.

Infolge der Distanz zwischen Universitätssystem und Staat ist die Idee der Gleichheit der Universitäten im angelsächsischen Kontext unbekannt. WissenschaftlerInnen sind ein eigenständiger Berufsstand und nicht Teil der Beamtenschaft. Sie sind Angestellte der Institution bzw. der Universität, für die sie arbeiten und die sie ernannt und berufen hat. Staatliche Instanzen sind hier nicht in die Rekrutierung des universitären Personals involviert (Neave 2001: 40).

Die historische Entwicklung des deutschen Hochschulsystems nach Begründung der Universität im Sinne Humboldts war weit über hundert Jahre eine reine Erfolgsgeschichte. Nach dem Sieg der Preußen und ihrer Verbündeten über Frankreich, der Kaiserkrönung und den ersten Reichstagswahlen im Jahr 1871 beendete der Friede von Frankfurt a. Main offiziell den Deutsch-Französischen Krieg. Schon kurz nach der Reichsgründung erfolgte in den so genannten Gründerjahren ein beachtlicher Wirtschaftsaufschwung. In der Ära des Kaiserreiches führten die Entstehung der modernen und spezialisierten Forschung und die Entwicklung einer Expertengesellschaft, welche akademisch ausgebildete, aber nicht unbedingt vielseitig gebildete Fachkräfte benötigte, zur Diversifikation und Blüte des deutschen Hochschulsystems. Zahlreiche neue Akademien für Fachkräfte auf mittlerem Niveau wurden in dieser Zeit gegründet (Turner 2001: 13-14).

Universitäten wurden nicht mehr ausschließlich als Ausbildungsorte für die Ministerialbeamten der wachsenden Bürokratie betrachtet, sondern wurden zu Ausbildungsstätten für Führungskräfte und Ingenieure des boomenden deutschen Industriesektors (Ellwein 1992). Die enge Verknüpfung von Forschung und Lehre als Eckpfeiler der Innovation in den damals modernen Wissenschaftszweigen, wie Medizin, Chemie oder Physik, wurde in vielen anderen Ländern übernommen. Sie diente u. a. der Strukturierung des Studiums bei den berufs- sowie wissenschaftsbezogenen Master-Studiengängen in den USA als Vorbild. Von dem hohen Niveau des damaligen Wissenschaftsbetriebs in Deutschland zeugen auch die zahlreichen Nobelpreisträger vor allem in den Naturwissenschaften.

Dieser Liberalisierung und Demokratisierung des Universitätssystems wurde durch das Aufkommen des Nationalsozialismus ein jähes Ende gesetzt, der insgesamt einen vernichtenden Einfluss auf das akademische Leben in Deutschland hatte (Langewiesche/Raphael 1997; Glaser 2002). Nach 1933 hatten deutsche Professoren keinen Anspruch mehr auf Selbststeuerung und Freiheit in Lehre und Forschung. Dies resultierte einerseits aus der politischen Manipulation, andererseits aber auch aus der passiven Akzeptanz bzw. aktiven Kollaboration vieler deutscher Wissenschaftler mit dem nationalsozialistischen Regime. Die Mehrheit der deutschen Universitätsprofessoren zeigte keinen Widerstand gegen die Veränderungen. Im Gegenteil: Zahlreiche Kollaborateure unter deutschen Wissenschaftlern leisteten dem nationalsozialistischen Regime wissenschaftliche Schützenhilfe. Viele Professoren profitierten von der Abwanderung ihrer Kollegen ins Ausland. Einige betrachteten die so genannte Arisierung der deutschen Wissenschaft durchaus mit Wohlwollen, während andere schlicht versuchten, sich möglichst unauffällig zu verhalten (Pfetsch 1994: 226; Remy 2002; Heiber 1991; Seier 1988).

Nach dem Zweiten Weltkrieg entstanden zwei Hochschulsysteme, die de facto unvereinbar waren. In der DDR wurde die Humboldtsche Tradition zunächst wieder aufgenommen, dann aber durch den Einfluss des sowjetischen Universitätssystems zurückgedrängt und durch eine funktionelle Trennung von Forschung und Lehre ersetzt (Reinschke 1994: 140, 152ff.).

In der Bundesrepublik wurde die Ordinarienuniversität des späten 19. Jahrhunderts in nostalgischer Weise idealisiert. Da im Anschluss an den Nationalsozialismus staatliche Interventionen in den Universitätsbetrieb als Bedrohung der intellektuellen Freiheit betrachtet wurden, strebte man vor allem in Fragen der Lehre und Forschung nach einem hohen Autonomiegrad der Professorenschaft.

Insgesamt wurden die Selbststeuerungsrechte der Universität im Vergleich zur Vorkriegszeit deutlich ausgeweitet (Katzenstein 1987: 300). Ein Hauptaugenmerk der Nachkriegszeit galt vor allem dem Wiederaufbau der in vielen deutschen Städten völlig zerstörten Universitätsgebäude und wissenschaftlichen Institute. In den Sozialwissenschaften war man bemüht, den Anschluss an die internationale Forschung zurück zu gewinnen und die unter dem nationalsozialistischen Regime nicht tolerierten Disziplinen wie Soziologie oder Politikwissenschaft erneut zu etablieren (Bleek/Weber 2003). Dagegen blieben in den klassischen Universitätsfächern wie Medizin oder Rechtswissenschaft eine ganze Reihe von Professoren, die eng mit dem Nationalsozialismus zusammengearbeitet hatten, während der restaurativen Adenauer-Ära in Amt und Würden (Katzenstein 1987: 300).

Auch an den elitären Charakter der Universität wurde in den 1950er Jahren wieder angeknüpft. Nur ein geringer Teil eines Jahrgangs nahm damals nach der Erlangung der Hochschulreife ein Studium auf. Ein Universitätsabschluss war als Garantie für die Übernahme einer Leitungstätigkeit in Staat bzw. Wirtschaft oder für die Aufnahme einer gymnasialen Lehramtstätigkeit zu betrachten. Ob Frauen diesbezüglich auf Zugangsbarrieren trafen, war zu dieser Zeit in der Bundesrepublik allerdings noch lange kein Thema (Dahrendorf 1965: 245ff.).

Schließlich wurde unter dem Leitmotiv „Kulturhoheit der Länder" die Zuständigkeit für das Bildungswesen und die Kultur mit dem Grundgesetz für die Bundesrepublik Deutschland vom 23.5.1949 in die Hände der Länder gelegt. Im Jahr 1948, also noch vor der Konstituierung der Bundesrepublik Deutschland, wurde die Kultusministerkonferenz gegründet, die nach ihrer Geschäftsordnung für „Angelegenheiten der Bildungspolitik, der Hochschul- und Forschungspolitik sowie der Kulturpolitik von überregionaler Bedeutung mit dem Ziel einer gemeinsamen Meinungs- und Willensbildung und der Vertretung gemeinsamer Anliegen" verantwortlich ist (KMK 2006). Eine wesentliche Aufgabe der Kultusministerkonferenz besteht darin, durch Konsens und Kooperation in ganz Deutschland für die Lernenden, Studierenden, Lehrenden und wissenschaftlich Tätigen das erreichbare Höchstmaß an Mobilität zu sichern. Ihre Aufgabe ist u. a., die Übereinstimmung oder Vergleichbarkeit von Zeugnissen und Abschlüssen, Qualitätsstandards in Schule, Berufsbildung und Hochschule zu sichern sowie die Kooperation von Einrichtungen der Bildung, Wissenschaft und Kultur zu befördern (KMK 2006). Zwar fallen die Hochschulen eindeutig unter die Hoheit der Länder, bis vor kurzem hatte sich der Bund gleichwohl mittels der Hochschulrahmengesetzgebung einen gewissen Einfluss auf das Universitätssystem in Deutschland gesichert. Die Aufgaben des Bundes betrafen einzelne Fördermaßnahmen, Fragen der Besoldung und des universitären Karriereweges, die Zugangsbedingungen zur Professur sowie nicht zuletzt die Errichtung und Unterhaltung der Hochschulbauten (Karpen 2003; Schenk 2005: 150f.). Gerade in jüngster Zeit war die Einflussnahme des Bundes auf das Hochschulsystem Gegenstand kontroverser Diskussionen im Rahmen der Reform des föderalen Systems der Bundesrepublik (IFO 2006), wobei der Kompetenzstreit inzwischen zu Gunsten der Länder entschieden wurde (Wintermantel 2006). Damit entfällt die Rahmengesetzgebungskompetenz der Länder insofern, als alle Regelungsbereiche der Hochschulpolitik jetzt der Gesetzgebung der Länder unterliegen. Lediglich Fragen des Hochschulzugangs sowie der Abschlüsse können noch bundesweit geregelt werden. Während bei der bisherigen Gemeinschaftsaufgabe Hochschulbau, die paritätisch von Bund und Ländern getragen wurde, davon ausgegangen wird, dass sich der Bund gänzlich aus der Finanzierung zurückzieht, trifft dies nicht für gemeinsame Hochschulsonderprogramme zu, wie etwa die gezielte Förderung von Universitäten im Rahmen des Wettbewerbsprogramms „Exzellenzinitiative".

Vor dem Hintergrund der aktuellen Debatte zum Thema Wissenschaftsstandort ist es bemerkenswert, dass erst in den 1960er Jahren das System der tertiären Bildung in Deutschland zu einem wichtigen Thema gesellschaftlicher wie politischer Reformüberlegungen wurden (Katzenstein 1987: 300). Die Gründe hierfür waren vielfältig. Zum einen kamen demokratietheoretische Anstöße aus dem Umfeld sozialdemokratischer sowie sozial-liberaler Politik, die auf eine Öffnung der Universitäten für bisher bildungsferne Schichten und Gruppen einschließlich der Frauen hinwirkten (vgl. Schenk 2005: 171). Andererseits trugen hierzu pragmatische Überlegungen von Unternehmen bei, die für die nächste Zukunft einen eklatanten Mangel an hoch qualifizierten Fachkräften in den Bereichen Ingenieurwesen und im mittleren Management der Konzerne antizipierten. Interessanterweise befindet sich seitdem das deutsche Hochschulsystem in einem Prozess mehr oder weniger kontinuierlicher Reformbemühungen – wenn man von der Phase zwischen 1989 und 1996 einmal absieht, die ganz im Zeichen der Integration des ostdeutschen in das bestehende westdeutsche Universitätssystem stand und durch einen so genannten „Institutionentransfer" (Czada/Lehmbruch 1998) geprägt war.

Im Rückblick lässt sich daher folgende Periodisierung der Reformversuche vornehmen. Einer Phase der Expansion (1967 bis 1970) und maßgeblicher Veränderungen der internen Strukturen der Universität sowie der Rekrutierung der Professorenschaft (1969 bis 1974) folgte eine Periode, in der Ernüchterung und die Notwendigkeit technokratischer Anpassung (1974 bis zum Anfang der 1980er) im Vordergrund standen. Diese wurden gefolgt von einer Phase der Stagnation und partiellen Rückentwicklung, in die auch die Zusammenführung mit dem ostdeutschen Hochschulsystem fiel (Mitte der 1980er bis Anfang der 1990er) (vgl. Turner 2001: 25). Seit Mitte der 1990er Jahre lässt sich dann eine deutliche Veränderung des hochschulpolitischen Diskurses feststellen, wobei die Hochschule zunehmend als Unternehmen betrachtet wird und *New Public Management* (NPM) und Privatisierung als neue Trends der Hochschulpolitik im Vordergrund stehen.

1.1.1 Zur Phase der Expansion und Veränderung

Da die erste Phase der Reform zu weit reichenden Veränderungen geführt hat, wird hierauf im Folgenden näher und vergleichsweise ausführlich eingegangen. Die Phase der Expansion des deutschen Hochschulsystems wurde eingeleitet durch eine Defizitanalyse. Zu Begin der 1960er Jahre bot der britische *Robbins Report* statistische Belege dafür, dass Deutschland den meisten europäischen Ländern in seinen Hochschulausgaben und Studentenzahlen hinterher hinkte, was als Gefahr für die zukünftige Leistungsfähigkeit der deutschen Wirtschaft gesehen wurde (Turner 2001: 17). Politische Maßnahmen beinhalteten eine Erhöhung der Zulassungen zum Studium sowie eine Reorganisation und Expansion der Universitäten. Mehrere spezialisierte Institutionen und Ingenieurschulen erhielten den Universitätsstatus und 18 neue Universitäten wurden gegründet (Katzenstein 1987: 303-304). Eingeleitet wurde damit eine Entwicklung, die heute im Rückblick unter dem Stichwort „Massifizierung" zusammengefasst wird.

Im Vergleich zu 1955 hatten sich 1965 die Studierendenzahlen verdoppelt (Katzenstein 1987: 304). Waren zunächst gesellschafts- und wirtschaftspolitische Effizienzüberlegungen ausschlaggebend gewesen, so wurde die hochschulpolitische Debatte bald überlagert durch Forderungen nach einer „sozialen Demokratie" und damit nach einem Bürgerrecht auf Bildung, wie es von Willy Brandt in seiner Regierungserklärung von 1969 in Aussicht gestellt wurde. Allerdings wurde durch diese Forderung zunächst weder die interne Struktur der Universität in Frage gestellt noch der verstärkte Zugang von Frauen zu Bildung auf die politische Agenda gesetzt (Schenk 2005: 171).

Erst mit der Studentenbewegung (Katzenstein 1987: 304; Thränhardt 1999: 171) und ihrem Motto „Unter den Talaren – der Muff von 1000 Jahren" wurden die von einer autokratischen Professorenschaft kontrollierten Universitätsstrukturen ins Zentrum der Kritik gerückt. Infolge der Studentenbewegung kam es schließlich zu weit reichenden Veränderungen der universitären Entscheidungsstrukturen. Sie führten 1973 zur Abschaffung des Machtmonopols der Professorenschaft hinsichtlich der inneruniversitären Entscheidungsfindung. Eingeführt wurde die so genannte Gruppenuniversität, deren Organisation der Entscheidungsfindungsprozesse in hohem Maße korporatistische Züge aufweist und in gewisser Weise an berufsständische Traditionen anknüpft (Lehmbruch 1996).

Seitdem sind die zentralen Organe der universitären Selbstverwaltung und inneruniversitären Entscheidungsfindung – die Vorstände der Institute, die Gremien bzw. Räte der Fachbereiche oder Fakultäten sowie der Senat als Gesamtvertretungsorgan der Universität – jeweils paritätisch mit Vertretern und Vertreterinnen der verschiedenen Statusgruppen innerhalb der Universität, d. h. den ProfessorInnen, wissenschaftlichen und nichtwissenschaftlichen MitarbeiterInnen sowie VertreterInnen der Studierenden, besetzt. Hierbei wurde allerdings der Professorenschaft in den Gremien qua Statut von Anfang an die Mehrheit gesichert, so dass sie stets über mehr Stimmen verfügt als alle anderen Mitglieder der Gremien zusammengenommen. Die Dissonanz zwischen der elitären Ordinarienuniversität und der neuen diversifizierten Studierendenschaft führte vor allem anfangs zu einer scharfen Politisierung der Fraktionen innerhalb der Gruppenuniversität. Inzwischen sind die Differenzen weniger pointiert, jedoch zeichnet sich die Gruppenuniversität durch sehr mühsame Entscheidungsfindungsprozesse aus, welche durch ein intensives Paktieren und Lobbyieren im Vorfeld der Senats-, Fachbereichsrats- oder Institutssitzungen geprägt sind. Diese universitäre Vorfeld-Diplomatie findet in der Regel in informellen Netzwerken statt. Wie noch näher dargestellt wird, bedeutet dies besonders für die Wissenschaftlerinnen Nachteile, die sich häufig von solchen informellen Netzwerken ausgeschlossen sehen und daher die Selbstverwaltungsstrukturen der Gruppenuniversität auch eher als Belastung denn als Zugewinn an Partizipation und Mitgestaltungsmöglichkeiten empfinden.

Die erste Reformphase war auch insofern von weit reichender Bedeutung, als in Anlehnung an angelsächsische Vorbilder erstmals ein Berufsweg „Hochschullehrer" bzw. „Hochschullehrerin" eingeführt wurde. Bis zu dieser Zeit wurden Professorenstellen nicht öffentlich ausgeschrieben. Vielmehr bestand eine sehr enge Bindung zwischen den Ordinarien und ihren Schülern, d. h. den jungen Wissenschaftlern und wenigen Wissenschaftlerinnen. Als Privatdozent oder -dozentin begleiteten diese ihre Lehrer zu Tagungen und Kongressen, wo sie in die wissenschaftliche *Community* eingeführt wurden. Gleichzeitig wurden zu diesen Gelegenheiten „Rufe" ausgesprochen und die Besetzung freiwerdender Positionen an Universitäten unter den Ordinarien ausgehandelt.

Erst im Zuge der Universitätsreform wurde das heute an deutschen Universitäten übliche „Berufungsverfahren" eingeführt. Danach sind zu besetzende Professorenstellen öffentlich auszuschreiben, und die Auswahl unter den BewerberInnen erfolgt nach einem detailliert festgelegten Verfahren, das die Sichtung der Publikationen und einen wissenschaftlichen Vortrag vor der Berufungskommission einschließt. Letztere ist paritätisch mit VertreterInnen der unterschiedlichen universitären Statusgruppen besetzt. An der Besetzung der betreffenden Professur sind neben der Berufungskommission alle universitären Gremien beteiligt, was zu einem sehr zeitintensiven Prozedere führt. Die Reformen der 1970er führten ferner zu einer stärkere Strukturierung des universitären Karriereweges. Damaliges Ziel war bereits, den jungen Wissenschaftler bzw. die Wissenschaftlerin so früh wie möglich aus der engen Bindung an und die Abhängigkeit von seinem oder ihrem Professor zu entlassen. Eingeführt wurde die so genannte C-Laufbahn. Sie lehnte sich äußerlich an das angloamerikanische System an. Beginnend mit der Hochschulassistentenstelle (C 1) als funktionales Äquivalent des angelsächsischen *Assistant Professor*, setzt sie sich über die C 2-Position des oder der OberassistentIn fort und mündet in die unbefristeten Positionen C 3 (entspricht dem *Associate Pro-*

fessor) und C 4 (*Full Professor*) (eine ausführliche Darstellung findet sich in Abschnitt 1.2).

Anfangs war bereits die C 1-Stelle als vergleichsweise unabhängige Position mit erheblichen Freiheitsgraden konzipiert worden. Im Laufe der Zeit wurde die Hochschulassistentenstelle jedoch wieder an die Oberaufsicht eines C 3- oder C 4-Professors gekoppelt (Katzenstein 1987: 309). Auch waren ursprünglich bereits C 2-Stellen als unbefristete Universitätspositionen konzipiert. Diese Regelung wurde in der Folge ebenfalls abgeschafft, so dass der universitäre Karriere- und Berufsweg bis zur Erreichung einer C 3-Professur nur über befristete Stellen erfolgt.

Schließlich ist noch anzumerken, dass im Zuge der Neustrukturierung die jeweiligen Landesministerien der Bundesländer deutliche Kompetenzgewinne im Hinblick auf die Steuerung und Einflussnahme auf inneruniversitäre Angelegenheiten, angefangen bei den Berufungsverfahren bis hin zur Gestaltung von Curricula, gewannen. Im Kern bedurfte bis in die jüngste Zeit jede inneruniversitäre Entscheidung der Zustimmung durch das betreffende Ministerium bzw. des Plazets der Ministerialbürokratie. Bisher waren die deutschen Universitäten in einem ganz erheblichen Umfang eingebunden in die öffentliche Verwaltung der Länder, was nicht zuletzt in den Modalitäten ihrer Finanzierung zum Ausdruck kam. Die Universitäten waren voll eingebunden in die Kameralistik der Länder, wobei auch die Personalstellen einschließlich der Professorenschaft direkt der Verwaltung des Ministeriums unterstanden. Auch diesbezüglich sind aktuell entscheidende Veränderungen erfolgt. Im Zuge des *New Public Management* (vgl. Abschnitt 1.1.3) wurde den Hochschulen inzwischen von den Landesministerien die Verantwortung sowohl für die Finanzen wie auch für das Personal übertragen.

Um das Bild abzurunden, ist noch zu erwähnen, dass die erste Phase der Hochschulreform in den späten 1960er und 1970er Jahren mit einer starken Diversifikation der Hochschullandschaft einherging. Nach dem Vorbild der angelsächsischen *Polytechnics* wurden Fachhochschulen eingeführt, die das duale System der tertiären Ausbildung in Deutschland begründeten. Im Unterschied zu den von der Konzeption her primär forschungsorientierten Universitäten sollten Fachhochschulen stärker praxisorientiert ausbilden. Praxiserfahrungen sind daher eine conditio sine qua non für die Berufung auf eine Fachhochschulprofessur, die ein deutlich umfangreicheres Lehrdeputat (bis zu 18 Wochenstunden) als die universitäre Professur (jetzt 9 früher 8 Wochenstunden) umfasst. Als weiterer neuer Institutionentyp der tertiären Ausbildung wurde in einigen Bundesländern schließlich die Gesamthochschule eingeführt, die im Prinzip eine Fachhochschule mit universitärem Zweig darstellt. Hierdurch sollte bildungsferneren Schichten der Zugang zur universitären Ausbildung erleichtert werden, da im Anschluss an den erfolgreichen Abschluss eines Fachhochschuldiploms an der gleichen Institution das Studium mit der Zielsetzung eines universitären Abschlusses weitergeführt werden kann. Über Vor- und Nachteile der Gesamthochschule entfachte sich ein heftiger Streit zwischen eher sozialdemokratisch und eher christdemokratisch regierten Bundesländern, so dass nur wenige Gesamthochschulen gegründet wurden und diese eher eine Randerscheinung im universitären Betrieb der Bundesländer Nordrhein-Westfalen und Hessen blieben (Schenk 2005: 169ff.; Katzenstein 1987: 306; Lüth 1983).

1.1.2 Zur Phase der Ernüchterung und technokratischen Anpassung

Zu Beginn der Reformphase Ende der 1960er Jahre hatte man mit dem Ausbau des Hochschulsystems und der Zunahme der Studierendenzahlen sehr weitgehende Hoffnungen im Hinblick auf eine Demokratisierung der Gesamtgesellschaft verbunden. Doch diesem Reformeifer wurde mit der „Ölkrise" zu Beginn der 1970er Jahre und im Kontext der folgenden wirtschaftlichen Rezessionen ein jähes Ende bereitet. Seitdem ist die Debatte über den Hochschulstandort Deutschland von Ernüchterung geprägt. Auch sind die weit reichenden politischen Entwürfe einer eher technokratischen Anpassung an die in der Tendenz stetig schrumpfenden Hochschulbudgets gewichen.

Konkret leiden die deutschen Hochschulen bereits seit Mitte der 1970er Jahre an chronischer Unterfinanzierung. Einer stetig wachsenden Studierendenzahl steht immer weniger Lehrpersonal gegenüber, so dass die Betreuungsrelation Studierende – Professoren sich kontinuierlich zum Nachteil der Studierenden und des wissenschaftlichen Nachwuchses entwickelt hat. Die geschilderte Expansion ließ das gesamte System teurer werden, gleichzeitig hielten aber die Budgets in keiner Weise mit den zunehmenden Kosten Schritt. Um die haushaltspolitische Entwicklung im deutschen Hochschulbereich bis zu Beginn der neunziger Jahre zusammenzufassen: Zwischen 1977 und 1990 hatte die Zahl der Studierenden um 70 % zugenommen, das Personal dagegen um 6 %, die Sachmittel um gerade mal 17 % und die Menge der Studienplätze nur um 10 % (Wissenschaftsrat 1993).

Diese Entwicklung erfolgte unter anderem infolge einer groben Fehleinschätzung der zukünftigen Studierendenzahlen, da man Prognosen in den 1970er und 1980er Jahren nur auf Geburtenzahlen und nicht auf steigende Partizipationsraten der SchulabsolventInnen stützte (Katzenstein 1987: 307). Die Veränderung der Hochschulen von Ausbildungsstätten für eine Elite zu Hochschulen für die Mehrheit eines Jahrgangs wurde letztlich von der Politik nicht zur Kenntnis genommen. Auch heute erwartet die Schätzung der KMK für 2008 einen weiteren Anstieg der Zahl der Studienanfänger. Lag deren Quote eines Jahrganges 1960 noch bei 7,9 %, hat sie sich inzwischen auf 30 % eingependelt. Die Finanzzuweisungen an Hochschulen sind dabei seit den siebziger Jahren aber nur nominell gestiegen – de facto ist die finanzielle Lage der Hochschulen angespannter den je (Fuchs/Reuter 2000: 118). Unter den OECD-Ländern rangierte Deutschland 2001 im Hinblick auf seine Gesamtausgaben (privat und öffentlich) für den Bereich der tertiären Bildung an 12. Stelle nach Japan und Großbritannien (OECD 2004). Betrachtet man die Ausgaben allerdings als prozentualen Anteil am Bruttoinlandsprodukt, so lag Deutschland im Jahr 2002 nur auf Platz 19 innerhalb der OECD, und mit einem Wert von 1,1 % weit unter dem OECD-Durchschnitt von 1,7 % (OECD 2005).

Vor allem der wissenschaftliche Nachwuchs war und ist von der „Krise der Universität" und ihrer chronischen Unterfinanzierung betroffen. Da zudem im Laufe der 1970er Jahre die Mehrheit der Professorenstellen neu besetzt worden oder auch erst geschaffen worden war, traf die in den 1980er Jahren die Universitäten verlassende Generation von Akademikern und Akademikerinnen auf eine mehr als desolate Situation des wissenschaftlichen Arbeitsmarktes. Es wurden kaum Professorenstellen ausgeschrieben. Als Reaktion wurde von der Politik versucht, durch verschiedene Hochschulprogramme, die vor allem so genannte Finanzspritzen beinhalteten, gegenzusteuern (Führ 1997: 208; Fuchs/Reuter 2000: 111).

In Analogie zu anderen Politikfeldern, wie etwa die Modernisierung der Sozialsysteme, wurden in Deutschland in den 1980er Jahren keine grundlegenden Veränderungen des Status quo im Hochschulbereich initiiert – weder bezüglich der Organisation der Hochschulen, ihres Personalmanagements noch der Zulassungspolitik oder der Studiengänge.

Im Zuge der Wiedervereinigung nach 1989 kam es zu einer Übertragung der bundesdeutschen Hochschulstrukturen auf die neuen Bundesländer. Ironischerweise wurde ein System, das damals bereits als reformbedürftig eingeschätzt wurde, nicht nur auf das Territorium der ehemaligen DDR übertragen, sondern auch noch als das Referenzsystem par excellence deklariert. Letztlich wurde damit eine historische Gelegenheit für eine umfassende Reform des deutschen Hochschulsystems verschenkt (Mayntz 1994; Dürkop 1999).

Vor dem Hintergrund von Finanzengpässen und einer desolaten Stellensituation im Hochschulbereich ist es interessant, dass das Thema Gleichstellung an den deutschen Universitäten gerade zum Anfang der 1980er Jahre von der Politik aufgegriffen und in der Folge weit reichende Maßnahmen zunächst unter dem Label der Frauenförderung und später im Kontext von Gender-Mainstreaming-Programmen eingeführt wurden. Dazu zählt auch die Förderung von wissenschaftlichen Untersuchungen zur Unterrepräsentanz von Frauen in Führungspositionen sowie die Einrichtung von „Frauenforschungsprofessuren" und „Frauenförderprogrammen" an deutschen Hochschulen. Mit der Novellierung des Hochschulrahmengesetzes von 1985 wurde die Möglichkeit geschaffen, zur Durchsetzung des Gleichstellungsgebotes des Grundgesetzes in die Hochschulsteuerung zu intervenieren. In dieser Zeit wurde auch die Institution der Frauen- oder Gleichstellungsbeauftragten an den Hochschulen eingeführt, zu deren weitläufigen Aufgaben auch die Personalpolitik gehört. Hierzu zählt besonders, bei Berufungsverfahren und Stellenbesetzungen im wissenschaftlichen Mittelbau dafür Sorge zu tragen, dass weibliche Wissenschaftler berücksichtigt werden (Kahlert 2003: 41, 84).

Insgesamt lässt sich resümieren, dass spätestens ab Mitte der 1980er Jahre das Thema „Gleichstellung und Gender" die Debatte über die Öffnung der Universitäten auch für eher bildungsferne

Schichten deutlich überlagert hat. Pointiert ausgedrückt wurde in der hochschulpolitischen Debatte die „Arbeiter-" durch die „Frauenfrage" ersetzt (vgl. Schenk 2005: 268f.). Nach wie vor bezog sich die Diskussion aber eher auf Input-Faktoren, also auf die Zugangsmöglichkeiten zur Universität, sowie auf Fragen der sozialen Mobilität. Hiervon grenzt sich die hochschulpolitische Debatte der 1990er Jahre deutlich ab, die ihr Augenmerk vor allem auf Output-Faktoren und damit auf Effizienzkriterien sowie auf die Leistungsbilanz der Universitäten legt.

1.1.3 Zur Phase der Ökonomisierung der Hochschulen

Seit Mitte der 1990er Jahre steht das Thema Universität wieder verstärkt auf der politischen Agenda. Dabei spielen vor allem drei Hauptfragen eine Rolle: Wie kann die Effektivität des deutschen Hochschulsystems gesteigert, wie die Effizienz seiner Verwaltungsstrukturen und Steuerungsmechanismen optimiert werden und wie kann das System im Rahmen internationaler Konkurrenz in globalen und europäischen Zusammenhängen mithalten?

Hierbei bezieht sich Effektivität zunächst auf das Verhältnis zwischen Universität und Arbeitswelt. Da heute die berufliche Zukunft der Universitätsabsolventen weit unsicherer ist als in den 1960er und 1970er Jahren, wird von der Universität eine praxisorientierte Ausbildung erwartet, die den Bedürfnissen einer sich schnell wandelnden Wirtschaft und einer wissensbasierten Gesellschaft Rechnung trägt. Gleichzeitig wird die Effektivität deutscher Studienprogramme vor dem Hintergrund der Internationalisierung des Hochschulsektors betrachtet. Die Mobilität der Arbeit und der Transfer von Forschern erfordern die internationale Kompatibilität von Abschlüssen. Internationale Zusammenarbeit und Austausch von Studierenden und WissenschaftlerInnen betonen die Notwendigkeit der gegenseitigen Anpassung von Universitätssystemen und Curricula. In Übereinstimmung mit dem *Bologna Prozess* (BMBF 2005; Witte 2006) wurde 1998 in Deutschland die Möglichkeit von Bachelor- und Master-Abschlüssen als gestufte Studiengänge eingeführt. Nach angelsächsischem Vorbild wird zunächst ein Grundstudium – BA-Studienprogramm – absolviert, das berufsqualifizierende Kenntnisse vermittelt, aber nicht forschungsorientiert ist. Im Kern beinhaltet die Einführung der BA-Programme eine Abkehr vom Humboldtschen Ideal der Einheit von Forschung und Lehre. Gleichzeitig werden die Universitäten, zumindest in der BA-Ausbildungsstufe, mit den Fachhochschulen in ihren Lehrzielen gleichgestellt. Im Anschluss an die BA-Studiengänge ist die Belegung von Master-Programmen vorgesehen. Master-Programme sind entweder direkt berufsqualifizierend im Sinne einer professionellen Spezialisierung angelegt oder aber als stark forschungsorientierte Ausbildungsprogramme konzipiert, die den Weg für eine wissenschaftliche Karriere ebnen. Vor allem die BA-Ausbildungsprogramme sind wesentlich betreuungsintensiver als die klassischen universitären Curricula, die in weit stärkerem Maße auf die individuelle Lernbereitschaft und Selbstorganisation der Studierenden setzten. Zeitlich enger getaktete Prüfungsleistungen, stärkere Kontrollen der Präsenz der Studierenden, kleinere, aber dafür häufiger kontrollierte schriftliche Arbeiten sind wesentliche Merkmale der BA-Ausbildung, die vor allem zur Verkürzung der im internationalen Vergleich sehr langen Studienzeiten in Deutschland beitragen sollen. Infolge der Intensivierung der Betreuungsleistungen erfordern BA-Programme de facto eine deutliche Ausweitung der Lehrkörper der Universitäten. Allerdings ist dies nicht Thema der hochschulpolitischen Debatte, da diese ausschließlich unter Bezug auf Output-Faktoren wie Effektivitäts- und Effizienzkriterien geführt wird.

In den 1990er Jahren vollzog sich ein entscheidender Paradigmenwechsel in der Hochschulpolitik, der vor allem Fragen der Legitimität und der Zielsetzung des Hochschulsystems und speziell der Universitäten betraf. Die grundlegende Veränderung des hochschulpolitischen Diskurses war im Prinzip unausweichlich geworden, da der Ausbau des Systems, seine „Massifizierung" und die Diversifizierung der Institutionen zu einer Erosion der traditionellen Legitimation des Hochschulsystems geführt hatte. Spätestens in den 1980er Jahren hatte die Humboldtsche Universität ihre Legitimationsbasis – die Exklusivität eines Elitensystems – verloren (Brennan und Shah 2000: 20ff.).

Den kontinentalen Hochschulsystemen sind dezidierte Kontrollprozesse der Qualität von Lehre und Forschung weitgehend fremd. Das Hochschulsystem wird hauptsächlich durch Input-Faktoren wie die jährliche Gewährung eines funktionsgebundenen Budgets, Zulassungsanforderungen für Studierende sowie den Beamtenstatus der Professoren gesteuert und kontrolliert. Das Modell basiert auf der Annahme, dass durch die Kontrolle dieser Input- und Prozessgrößen automatisch die Qualität der Leistungserbringung garantiert wird, wodurch sich eine dezidierte Kontrolle von Output-Faktoren erübrigt. In der Vergangenheit basierte das Vertrauen in die Qualität von Hochschulbildung in erster Linie auf dem Elitensystem, in dem geringe Studierendenzahlen einen engen Kontakt zwischen ProfessorInnen und AbsolventInnen ermöglichten. Der Status des Professors als Gelehrter war nicht nur ausreichende Garantie für die Qualität des Curriculums, sondern auch für die Hochwertigkeit des gesamten Systems und die Qualifikation der AbsolventInnen. Die Massenuniversität untergrub jedoch diese traditionellen Mechanismen der Qualitätskontrolle (De Klerk et al. 1998: 1). Gleichzeitig argumentiert man von staatlicher Seite, dass die steuerlichen Investitionen in das Hochschulsystem und das Recht der Studierenden auf eine qualitativ hochwertige Ausbildung eine engere Kontrolle der Ergebnisse notwendig machen. Der steigende Druck zur Rechenschaftslegung machten ökonomische Effizienz und Effektivität zu den neuen Schlagworten der Hochschulpolitik. Die neue Frage lautet also: Wie kann die Qualität des deutschen Hochschulsystems gesichert werden, wenn die Partizipationsraten steigen und die Finanzierung weiter schrumpft?

Die Ökonomisierung der politischen Agenda im Hochschulsektor führte zu einer Rezeption der Konzepte des *New Public Management* (NPM), das seinen Ursprung in angelsächsischen Ländern wie Großbritannien, Neuseeland und Australien hat. Dieser Ansatz steht für die Einführung privatwirtschaftlicher Steuerungsinstrumente in den öffentlichen Sektor, der als ineffizient und ineffektiv gesehen wird (Pollitt/Bouckaert 2000: 6ff.). In den späten 1990er Jahren kam man zu dem Schluss, dass der Staat nicht mehr in der Lage sei, ein komplexes Hochschulsystem durch Input- und Ex-ante-Mechanismen im Detail zu steuern (Maassen 1997: 115). Das Konzept des intervenierenden Staates, der die Hochschulen von einer zentralen Position aus reguliert, machte Platz für das Bild des *facilitory state'*, der nur noch das Rahmenwerk setzt, in dem die Hochschulen relativ autonom handeln. Neue Mechanismen der ergebnis- und produktorientierten Steuerung und Mittelzuweisung sowie eine daran angelehnte Ex-post-Kontrolle sollen für Effizienz und Effektivität im universitären Leistungsprozess sorgen. Prominentes Beispiele hierfür sind die Einführung der Globalbudgets (Federkeil/Ziegele 2001) und die Hochschulfinanzierung nach leistungs- und belastungsorientierten Indikatoren, wie sie im Hochschulrahmengesetz (HRG 1999) § 5 vorgesehen sind. Anstelle der Mittelzuweisung pro Ausgabenposition, wie etwa Personal, bauliche Maßnahmen, Unterstützung von Lehre und Forschung, erhalten die Universitäten jetzt ein Gesamtbudget, über dessen spezifische Verwendung ihnen die volle Entscheidungsbefugnis obliegt. Insofern hat sich die Steuerungskompetenz der Universitätsleitung deutlich erhöht. Gleichzeitig geht aber in einigen Ländern die Einführung der Globalbudgets mit einer „verdeckten" Kürzung der Mittelzuweisung einher, da den Universitäten insgesamt weniger Mittel überwiesen werden, als die Summe der bisherigen Einzelpositionen ausmachte.

Für die Gleichstellungsfrage ist dabei relevant, dass § 5 des HRG die Hochschulen auch verpflichtet, den Gleichstellungsauftrag wahrzunehmen und die Förderung von Frauen zu betreiben. Die Hochschulen sollen vor Entscheidungen die geschlechtsspezifischen Auswirkungen beachten und so handeln, dass Gleichstellung erzielt wird (Cordes 2004: 715). Im Original heißt es: „Die staatliche Finanzierung der Hochschulen orientiert sich an den in Forschung und Lehre sowie bei der Förderung des wissenschaftlichen Nachwuchses erbrachten Leistungen. Dabei sind auch Fortschritte bei der Erfüllung des Gleichstellungsauftrages zu berücksichtigen" (HRG 1999, § 5).

Ebenfalls durch das NPM inspiriert ist der Ansatz, den Wettbewerb unter deutschen Universitäten zu erhöhen und individuelle Profile entwickeln zu lassen. Dies ist mit der Idee leistungsorientierter Finanzierung verbunden und setzt eine erhöhte Autonomie der Hochschulen in der Selbstverwaltung, der Finanzierung und der Spezialisierung der Curricula sowie der Auswahl der Studierenden voraus (Turner 2001: 194). Hierzu gehört auch, dass die internen Managementstrukturen an den Universitäten sowie die Zusammensetzung der Leitungsebene verändert wurden. Zwar wurde die Gruppenuniversität nicht abgeschafft, aber die entscheidenden Positionen, so etwa die des Dekans bzw. der Dekanin als Leitung der Fachbereiche, wurden mit erheblich mehr Entscheidungsbefugnis und hierbei insbesondere mit mehr Steuerungskompetenz in Personal- und Ressourcenfragen ausgestattet. Ferner sind die Universitäten angehalten, externe Kompetenz einzuwerben und zu diesem Zweck zu den bestehenden

Leitungsstrukturen zusätzliche Gremien einzurichten, für die auch Persönlichkeiten aus der Wirtschaft oder Politik ernannt werden.

Deutliche Veränderungen gab es auch im Bereich Personalfragen. Die Reform des Hochschuldienstrechtes aus dem Jahr 2001 brachte zum einen eine „Neugestaltung des Qualifikationsweges der Hochschullehrerinnen und Hochschullehrer" und zum anderen die Einführung eines neuen Besoldungssystems durch das Gesetz zur Reform der Professorenbesoldung (ProfBesReformG), auf die im folgenden Abschnitt eingegangen werden soll.

1.2 Die Hochschullandschaft in Deutschland

1.2.1 Karrierewege und -strukturen

Das deutsche Hochschulsystem zeichnet sich durch eine Vielfalt von Personalstellen aus, wobei die klare Abgrenzung zwischen meist befristeten Stellen für NachwuchswissenschaftlerInnen und unbefristeten Positionen für ProfessorInnen strukturbildend ist. Die überwiegende Mehrheit der wissenschaftlichen Stellen, die im Hochschulsystem angeboten werden, ist befristet oder es sind Teilzeitstellen. Man unterscheidet zwischen Dauerstellen und Qualifikationsstellen, wobei Letztere immer befristete Stellen sind, die dem Erwerb eines wissenschaftlichen Abschlusses dienen. Unter die Qualifikationsstellen fallen die der wissenschaftlichen Mitarbeiter, der wissenschaftlichen Assistenten (früher: Hochschulassistenten C 1) und der Hochschuldozenten (C 2). Auch die Stellen der wissenschaftlichen Oberassistenten und Oberingenieure sind befristete Verbeamtungsverhältnisse.

Unter die Dauerstellen fallen neben den Professuren die der akademischen Räte und Lektoren und der Lehrkräfte für besondere Aufgaben. Der berufliche Werdegang eines Wissenschaftlers bzw. einer Wissenschaftlerin ist stets auf das Erlangen einer Professur ausgerichtet. Das Verbleiben in einer entfristeten Assistenten- oder Ratsposition wird dagegen häufig als Scheitern betrachtet.

Die deutsche Standardkarriere im Hochschulsektor sah damit bis zum Jahr 2004 wie in *Tabelle 1* dargestellt aus. Die Professur ist gerade daher so beliebt, weil sie nicht nur eine gesicherte lebenslange Anstellung als Beamte/r im öffentlichen Dienst, sondern auch eine zumindest für Geistes- und Sozialwissenschaftler vergleichsweise gute Besoldung sowie hohe Autonomie hinsichtlich der Gestaltung des Berufsalltags und der Arbeitsbereiche bietet.

Tabelle 1: Standardkarriere im deutschen Hochschulsektor

Qualifikation	Mögliche Positionen und Gehaltsstufen
Studium	Studentische Hilfskraft
Erster Studienabschluss (Magister, Diplom, Staatsexamen, MA/BA)	Wissenschaftliche Hilfskraft oder Wissenschaftliche/r MitarbeiterIn (BAT IIa)
Promotion	Wissenschaftliche/r AssistentIn Akademischer Rat auf Zeit (C 1, BAT Ib, BAT IIa, A13) C 2-ProfessorIn
Habilitation	HochschuldozentIn Wissenschaftliche/r OberassistentIn, OberingenieurIn (C 2, BAT I, IIa)
Ruf auf eine Professur	C 3-, C 4-Professur

Quelle: Eigene Darstellung

Wie bereits ausgeführt, erfolgte die Kontrolle der Leistungserbringung in der traditionellen Universität primär durch ein Verfahren des *Peer Reviewing* seitens der Kollegen und Kolleginnen. D. h. Professoren und Professorinnen genossen neben unbegrenzter Sicherheit des Arbeitsplatzes auch Freiheit von jeglicher formalen Evaluation und Leistungskontrolle.

Eine Voraussetzung zur Berufung als Universitätsprofessor war bis Ende 2004 in der Regel die Habilitation oder eine gleichwertige herausragende wissenschaftliche Leistung. Für die Berufung an Fachhochschulen werden dagegen die Promotion und in der Regel eine mindestens fünfjährige Berufspraxis (davon drei Jahre außerhalb der Hochschule) sowie besondere Leistungen bei der Anwendung oder Entwicklung wissenschaftlicher Erkenntnisse und Methoden erwartet. Die Einstellungsvoraussetzungen sowie die dienstrechtlichen Verpflichtungen der Professoren und Professorinnen sind im Hochschulrahmengesetz und in den Landeshochschulgesetzen geregelt. Bei der Berufung gilt grundsätzlich das Hausberufungsverbot: Wer sich bei einer Hochschule auf eine Professur bewirbt, darf dort nicht bereits mit einer festen Stelle angestellt sein, um Nepotismus vorzubeugen. Allerdings lässt sich eine ganze Reihe von Beispielen anführen, wo das Hausberufungsverbot nicht zum Tragen kam oder erfolgreich umgangen wurde.

Insofern ist ein universitärer Werdegang nicht nur sehr zeitintensiv, sondern auch mit hohem Risiko verbunden, da Hausberufungen nicht üblich sind und der Weg in eine unbefristete Position angesichts des engen Stellenmarkts für Professuren in Deutschland im Vergleich zu anderen Bereichen als eher begrenzt einzuschätzen ist.

Mit der Reform des Hochschuldienstrechtes aus dem Jahre 2001 wurden die Qualifikationswege an deutschen Hochschulen verändert. Die wichtigste Neuerung in diesem Bereich ist die Einführung der Juniorprofessur, die mit einer Maximaldauer von sechs Jahren als neue Regelvoraussetzung für den Ruf auf eine Professur konzipiert wurde und damit eigentlich die Habilitation ersetzen sollte (ausführlich Kupfer 2004). Die Habilitation wurde stark kritisiert, da sie die Qualifikationsphase sehr verlängere und dadurch eine Universitätskarriere für hoch qualifizierte PromovendInnen unattraktiv mache. Sie wird ferner als strukturelle Barriere für den Zugang von Frauen zum Wissenschaftssystem gesehen, da diese häufig ihre Habilitation zu einem späteren Zeitpunkt als ihre männlichen Kollegen abschließen und die Qualifikationsphase der Habilitation meist in die Zeitspanne der Familiengründung fällt (Göztepe-Celebi/Stallmann/ Zimmer 2003: 16; Majcher 2005: 21).

Der Einführung der Juniorprofessur lagen verschiedene Zielsetzungen zu Grunde. Unter anderem diente sie der Verkürzung der Zeit unsicherer Anstellungsverhältnisse vor Erhalt einer Professur. In den

1990er Jahren wurde bei der Besetzung universitärer Positionen und vor allem bei der Verbeamtung in der Professur das Alter der Bewerber zunehmend zum Ausschlusskriterium. De facto wurde die Altersgrenze bei der Verbeamtung sukzessive nach unten verlegt. So liegt die Altersgrenze bei der Verbeamtung von ProfessorInnen im Land Nordrhein-Westfalen bei 45 Jahren. Auch auf die „alten" Hochschulassistenzen nach C 1, welche seit dem 1.1.2005 abgeschafft sind, kann man sich im Alter von über 32 Jahren nicht mehr bewerben. Für die C 2-Stellen gilt als Altersgrenze das 40. Lebensjahr. Gedacht ist, dass die Verschärfung der Altersregelungen jüngere NachwuchswissenschaftlerInnen schützen soll: Falls eine Karriere an der Universität scheitert, sollen sie nicht zu alt sein, um sich außerhalb der Hochschule auf eine ihrer Ausbildung und ihrem akademischen Werdegang angemessene Position zu bewerben. De facto wurde jedoch das Zeitfenster deutlich verengt, das für den Erwerb einer Professur zur Verfügung steht. Inzwischen setzt eine erfolgreiche wissenschaftliche Karriere eine sehr stringente Planung und das zügige Durchlaufen der einzelnen Qualifikationsschritte voraus. Ferner wird es durch die rigiden Altersregelungen für „Quereinsteiger" immer schwieriger, einen Ruf auf eine Professur zu bekommen.

Als weiterer Grund für die Einführung der Juniorprofessur wurde angeführt, dass die jungen Wissenschaftler und Wissenschaftlerinnen möglichst frühzeitig aus der engen Bindung und damit der Abhängigkeit von ihrem „Habilvater" oder ihrer „Habilmutter" entlassen werden sollten. Damit wurde an Überlegungen aus den frühen 1970er Jahren angeknüpft, die durch die Einführung der Hochschulassistenz jungen Wissenschaftlern und Wissenschaftlerinnen Freiräume in Forschung und Lehre und eine niedrigschwellige Bindung an die jeweiligen LehrstuhlinhaberInnen ermöglichen sollte. Allerdings besteht zwischen der ursprünglichen C 1-Position und der heutigen Juniorprofessur ein wichtiger Unterschied: InhaberInnen von C 1-Positionen hatten nur 50 % des Lehrdeputats der ProfessorInnen zu erbringen und waren daher auch nicht in gleicher Weise wie ProfessorInnen in den Prüfungsbetrieb der Universität eingebunden. Die heutigen JuniorprofessorInnen haben alle Pflichten eines Professors bzw. einer Professorin, ohne die Sicherheit einer Dauerstelle.

Eigentlich war von politischer Seite die Einführung der Juniorprofessuren als Einstieg in das *Tenure Track-Modell* des Karriereweges an Universitäten geplant. Erfolgreiche Lehr- und Forschungsleistungen während der Juniorprofessur sollten zum Übergang in eine Dauerstelle (*Tenure*) an der betreffenden Universität qualifizieren. Allerdings ist dieser Karriereweg nur dort gesichert, wo nach Ablauf der sechs Jahre Juniorprofessur auch eine Professur zur Verfügung steht bzw. von der Hochschulleitung zugebilligt wird. Da dies keineswegs die Regel ist, kann davon ausgegangen werden, dass die Junior-Professur nicht zur Einführung des *Tenure Track-Modells* dient, sondern eher auf eine „Verbilligung" von Professorenstellen für die Laufzeit von sechs Jahren hinausläuft.

Auch aus diesem Grund wurde der Juniorprofessur von einigen Universitätsleitungen mit Skepsis bis hin zu Ablehnung begegnet. Vielfach wurde gerade in den Geistes- und Sozialwissenschaften argumentiert, dass die Habilitation durch die Junior-Professur nicht obsolet werde, da von den StelleninhaberInnen nach der Promotion auch weiterhin eine zweite große Veröffentlichung verlangt werde, die im Grunde wieder der Habilitation entspreche. In der Praxis zeigte sich, dass sich die Mehrheit der NachwuchswissenschaftlerInnen, mit Ausnahme der Naturwissenschaften, weiterhin habilitiert. Dies liegt darin begründet, dass die bereits im Amt stehenden ProfessorInnen die Habilitation immer noch als Beweis akademischer Exzellenz ansehen, der nicht ersetzt werden kann. Niemand kann damit sicher sein, dass dieser Qualifikationsnachweis nicht doch einen Vorteil beim Kampf um die raren Stellen darstellt.

Inzwischen liegen sehr unterschiedliche Befunde zur Effizienz- und Effektivität der Juniorprofessur vor. Während von den Stelleninhabern und -inhaberinnen in der Regel ein positives Feedback gegeben wird (CHE 2004), kommt eine kritische Betrachtung der Neuregelung zu dem Schluss: „Juniorprofessur vor dem Aus" (Hartung 2006). Man kann festhalten, dass die Juniorprofessur eher in den Naturwissenschaften als in den Geistes- und Sozialwissenschaften eingeführt wurde. Der Anteil der Frauen liegt bei den Juniorprofessuren mit ca. 30 % über dem Anteil der Frauen bei Habilitationen (23%). Besonders ausgeprägt ist die Beteiligung von Wissenschaftlerinnen an der Juniorprofessur in den Geisteswissenschaften und der Kunst, so dass sich dort viele Wissenschaftlerinnen nach Ablauf der sechs Jahre in Konkurrenz mit habilitierten WissenschaftlerInnen um die frei werdenden Professuren sehen werden (CHE 2004: 24).

Die zweite entscheidende Neuerung im Hochschulrahmengesetz von 2001 war der Beschluss eines neuen Besoldungssystems durch das Gesetz zur Reform der Professorenbesoldung (ProfBesReformG). Das neue Besoldungssystem sieht zum ersten Mal die Möglichkeit vor, Professoren und Professorinnen variable Leistungsbezüge im Sinne einer „leistungsorientierten Entlohnung" zu zahlen. Die traditionellen C-Besoldungsgruppen wurden durch die neue Bundesbesoldungsordnung W ersetzt. Diese ist seit dem 1. Januar 2005 in Kraft und sieht drei neue Besoldungsgruppen vor (Deutscher Bundestag 2001 b, ProfBesReformG, Anlage II: Bundesbesoldungsordnung W): In die Besoldungsgruppe W 1 fällt der „Professor als Juniorprofessor", in die Besoldungsgruppen W 2 und W 3 fallen Professorinnen und Professoren der Hochschulen und Fachhochschulen sowie „(Vize-)Präsidenten, Kon- bzw. Pro-Rektoren und Kanzler der Universitäten" mit Dauerstellen. W 2- und W 3-Professuren an Universitäten unterscheiden sich wie zuvor die C 3- und C 4-Professuren in Prestige und Grundgehalt. Es existiert keine hierarchische Beziehung zwischen ihnen (mit Ausnahme des Fachs Medizin).

Mit der Einrichtung der neuen Grundgehälter wurde die bisherige altersabhängige Gehaltsprogression abgeschafft, ebenso wie die bisher geltenden Regelungen über Zuschüsse anlässlich von Berufungs- und Bleibeverhandlungen. Dafür können zu den Grundgehältern der Gruppen W 2 und W 3 variable Leistungsbezüge gezahlt werden. Die bereits nach der Bundesbesoldungsordnung C eingestellten ProfessorInnen verbleiben im alten System und steigen nach wie vor in den Dienstaltersstufen auf. Sie können allerdings keine neuen Berufungs- und Bleibezuschüsse mehr erhalten. Im Falle einer Berufung auf eine höherwertige Professur an derselben Hochschule, einer Berufung an eine andere Hochschule erfolgt ein Wechsel in das neue Besoldungssystem (ProfBesReformG § 77 Absatz 2).

Ziel der neuen Besoldungsstruktur ist es, Leistungsanreize für ein Mehrengagement der Professoren und Professorinnen vor allem in den Bereichen Lehre und Forschung zu schaffen. Allerdings setzt dies voraus, dass an den Universitäten auch entsprechende Mittel vorhanden sind, um zusätzliche Leistungen adäquat zu honorieren. Die neue Besoldungsstruktur wird so mit hoher Wahrscheinlichkeit zu einer weiteren Stratifizierung der deutschen Universitätslandschaft sowie zu sehr unterschiedlichen Gehaltsstrukturen je nach Fachbereich und Disziplin führen. Vermutlich werden die Universitäten im vergleichsweise ökonomisch starken und prosperierenden Süddeutschland den flexiblen Anteil an der Besoldung großzügiger gestalten können als die Universitäten im wirtschaftlich weniger erfolgreichen Norden und Osten. Auch dürften sich erhebliche Unterschiede in der Ausgestaltung der flexiblen Anteile zwischen Professuren in den

Wirtschaftswissenschaften und z. B. denen in der Philosophie oder Pädagogik ergeben. Wie sich die Veränderung der Besoldungsstruktur auf die konkreten Verdienste von Professoren und Professorinnen auswirken wird, ist derzeit noch nicht absehbar. Allerdings zeigen Erfahrungen aus dem Ausland, dass weibliche Wissenschaftler bei Gehaltsverhandlungen deutlich schlechter abschneiden als ihre männlichen Kollegen und sich leichter mit einem eher geringen flexiblen Anteil zufrieden geben. Zu strukturell bedingten Unterschieden wird es insofern mit Sicherheit kommen, als weibliche Wissenschaftler gerade in den Fachbreichen und Disziplinen zu finden sind, die nicht im Zentrum des Interesses der Universitätsleitungen stehen, darunter die Geistes- und Sozialwissenschaften, Philologie und die Pädagogik. Es ist mehr als unwahrscheinlich, dass eine W 3-Professorin der Anglistik in Zukunft einen ebenso hohen flexiblen Anteil ihres Gehalts zugesichert bekommt wie ein W 3-Professor im Bereich Marketing. Schließlich ist in diesem Kontext noch herauszustellen, dass die Einführung der neuen Besoldungsstruktur mit einer erheblichen Kürzung der Grundgehälter einherging. Das Grundgehalt einer W 2-Professur fällt um rund 24 % geringer aus als die Besoldung nach traditioneller C 3-Professur auf einer entsprechenden Altersstufe.

Nicht verändert wurden mit der Einführung der neuen Besoldungsstruktur die Berufungsverfahren. Hier sind nach wie vor die paritätisch besetzten Berufungskommissionen zuständig. Unter den BewerberInnen werden meist drei Personen auf eine Vorschlagsliste gesetzt, wobei überwiegend an den bzw. die Erstplazierte/n der „Ruf" auf die Stelle ergeht. Die Ernennung sowie die Verbeamtung erfolgte bisher durch den Minister bzw. die Ministerin des jeweiligen Bundeslandes, die durch die jeweilige Universitätsleitung – KanzlerIn, RektorIn oder PräsidentIn – vertreten wurde. Aktuell wird im Zuge der jüngsten Reformen diese Personalhoheit wieder an die Universität zurückgegeben (Enders 2001). Mit dem „Hochschulfreiheitsgesetz" erhalten beispielsweise die Hochschulen in NRW ab 2007 die Personalhoheit, das heißt, sie treten an die Stelle des Landes und werden künftig Arbeitgeber beziehungsweise Dienstherr ihres Personals (Landtag Nordrhein-Westfalen 2006).

1.2.2 Statistisches Profil

Im Wintersemester 2005/06 gab es in Deutschland 379 Hochschulen. Das System ist ein duales mit 177 Universitäten und vergleichbaren Institutionen (Kunsthochschulen, Pädagogische Hochschulen und Theologische Hochschulen) einerseits sowie 202 Fachhochschulen und Verwaltungsfachhochschulen andererseits (Statistisches Bundesamt „Hochschulstandort Deutschland 2005: 9). Nur Universitäten und äquivalente Institutionen haben das Recht, den Doktor und die Habilitation zu verleihen.

Ein Überblick der Verteilung der Hochschulen auf die deutschen Bundesländer in *Tabelle 2* zeigt, dass die Dichte der Universitätslandschaft auch bei Berücksichtigung der Größe der Bundesländer sehr unterschiedlich ausfällt. Einzelne Bundesländer übernehmen eine deutliche Vorreiterfunktion, wie Baden-Württemberg, Nordrhein-Westfalen und Bayern. Auch die Sonderrolle der Stadtstaaten Berlin und Hamburg, die eine deutlich überdurchschnittliche Zahl an Institutionen aufweisen, wird sichtbar.

Tabelle 2: Übersicht der Institutionen pro Bundesland im Wintersemester 2005/06

Land	Universitäten	Pädagogische Hochschulen	Theologische Hochschulen	Kunsthochschulen	Allgemeine Fachhochschulen	Verwaltungsfachhochschulen	Insgesamt
D insgesamt	103	6	15	53	172	30	379
BW	15	6		8	34	4	67
NW	15		6	8	26	4	59
BY	12		3	8	23	1	47
HE	7		3	3	12	3	28
SN	7			7	12	2	28
NI	11			2	12	1	26
BE	8			4	8	1	21
RP	6		2		9	3	20
HH	5			2	6	2	15
SH	3			2	8	1	14
BB	3			2	6	2	13
TH	4			1	4	2	11
ST	2		1	2	4	1	10
MV	2			1	4	1	8
HB	2			1	2	1	6
SL	1			2	2	1	6

D = Deutschland, BW = Baden-Württemberg, BY = Bayern, BE = Berlin, BB = Brandenburg, HB = Bremen, HH = Hamburg, HE = Hessen, MV = Mecklenburg-Vorpommern, NI = Niedersachsen, NW = Nordrhein-Westfalen, RP = Rheinland-Pfalz, SL = Saarland, SN = Sachsen, ST = Sachsen-Anhalt, SH = Schleswig-Holstein, TH = Thüringen

Quelle: Statistisches Bundesamt 2005

Betrachtet man die Entwicklung des Systems seit 1950, so wird zunächst seine zunehmende Expansion und Diversifikation deutlich. Seit 1950 steigt die Zahl der Hochschulen kontinuierlich an. Im Jahr 1980 wurden in der Statistik erstmals die Fachhochschulen, 1975 erstmals die 1971 eingeführten Gesamthochschulen aufgeführt. Seit 1995 werden Letztere allerdings in den Grund- und Strukturdaten des Bundesministeriums (BMBF) nicht mehr gesondert gelistet, was als ein Indiz für ihre Angleichung an die Universitäten gewertet werden kann. Der starke Anstieg der Gesamtzahl von Institutionen der tertiären Bildung zwischen 1985 und 1990 erklärt sich vor allem durch die Zusammenführung der beiden deutschen Hochschulsysteme West- und Ostdeutschlands.

Tabelle 3: Anzahl der Hochschulen zwischen 1950 und 1990

Jahr	1950	1962	1970	1975	1980	1985	1990
Universitäten	25	32	41	48	55	59	87
Gesamthochschulen				9	9	8	1
Pädagogische Hochschulen			32	19	13	11	17
Theologische Hochschulen	17	17	14	11	11	15	16
Kunsthochschulen	19	24	26	27	26	26	44
Allgemeine Fachhochschulen					95	98	98
Verwaltungsfachhochschulen					20	24	24
Sonstige Hochschulen							14
Insgesamt	61	73	113	114	229	241	301

Quellen: Fachserie „Statistisches Jahrbuch der Bundesrepublik Deutschland", 1950-1976 (Angaben für 1950-1975); Fachserie „Grund- und Strukturdaten", 8. bis 18. Ausgabe (Angaben für 1980-1990).

Ein zweiter Trend liegt in der Zunahme der Anzahl nicht staatlicher Hochschulen. Hierunter fallen sowohl die kirchlichen, staatlich anerkannten Einrichtungen, als auch die privaten Universitäten. Ab dem Jahr 1995 liegen Daten dazu vor, wie viele nicht staatliche Einrichtungen sich im deutschen Hochschulsektor finden.

Tabelle 4: Anzahl der Institutionen von 1995 bis 2003

Jahr	1995		2000		2005	
	insgesamt	davon nicht staatlich	insgesamt	davon nicht staatlich	insgesamt	davon nicht staatlich
Universitäten	89	6	97	11	103	14
Pädagogische Hochschulen	6	-	6	-	6	-
Theologische Hochschulen	17	17	16	16	15	15
Kunsthochschulen	46	2	49	3	53	9
Allgemeine Fachhochschulen	138	38	155	50	172	62
Verwaltungsfachhochschulen	30	-	29	-	30	-
Insgesamt	326	63 (19%)	352	80 (22%)	379	102 (27%)

Quellen: BMBF 2006a (Zahlen für 1995 und 2000); Statistisches Bundesamt 2005; HRK 2005 (Zahlen für 2005)

Die Tabellen zeigen, dass der Anteil der nicht staatlichen Hochschulen kontinuierlich steigt und heute bei fast 27 % liegt. Darunter macht der Anteil von Einrichtungen in privater Trägerschaft (also ohne die kirchlichen) im Jahr 2005 etwa 18 % aller Institutionen aus. Im Vergleich zu öffentlichen Hochschulen decken private meist nur ein begrenztes Fächerspektrum ab oder bieten spezialisierte Studiengänge an. Sie sind mit durchschnittlich jeweils 725 Studierenden allerdings weit kleiner als staatliche und kirchliche Hochschulen, an denen durchschnittlich etwa zehnmal so viele Studierende eingeschrieben sind. Der Anteil der Studierenden an privaten Hochschulen ohne kirchliche Hochschulen liegt mit 2 % bisher noch auf einem sehr niedrigen Niveau (Statistisches Bundesamt 2005, S. 10).

Zusammenfassend kann festgehalten werden, dass die Entwicklung des deutschen Hochschulsystems über Phasen der Expansion und Diversifikation heute durch Themen der Internationalisierung und Ökonomisierung gekennzeichnet ist. Auch die Stellenstruktur unterliegt zurzeit durch die Besoldungsreform und die Einführung der Juniorprofessur einem starken Umbruch. Dieser muss aufgrund der sinkenden Grundgehälter und der steigenden Belastung des wissenschaftlichen Nachwuchses bei fortgeschriebener Unsicherheit der Wissenschaftskarriere und vor dem Hintergrund fehlender Alternativen zur Professur vermutlich als eher negativ in seiner Auswirkung auf die Attraktivität des Berufes eingeschätzt werden.

Während der Arbeitsmarkt Hochschule an Attraktivität verliert, ist seit den 1960er Jahren eine deutliche Zunahme der weiblichen Studierenden festzustellen, seit den 1980er Jahren und insbesondere in jüngster Zeit steigt auch der Anteil von Frauen an höheren Positionen in Wissenschaft und Forschung. Wie genau die Integration von Frauen in die Hochschulen und den Wissenschaftsbereich erfolgte, welche Hürden dabei genommen werden mussten und wie sich ihre Beteiligung an universitären Spitzenpositionen heute gestaltet, wird Thema des nächsten Kapitels sein.

1.3 Frauen und Wissenschaft

1.3.1 Historische Entwicklung und statistischer Überblick

Der Zugang von Frauen zum Universitätssystem wurde gegen Ende des 19. Jahrhunderts möglich. Mit dem Aufkommen der (bürgerlichen) Frauenbewegung begann der Kampf der Frauen um uneingeschränkte Teilhabe am öffentlichen Leben, in dessen Folge auch die Zugangsbarrieren zu Bildung und Wissenschaft allmählich abgebaut wurden. In Deutschland wurde Frauen der Zugang zu den Institutionen der höheren Bildung vergleichsweise spät gewährt. Sie wurden zunächst nur als Gasthörerinnen und damit nicht zu den Examina zugelassen. 1886 war es Frauen zum ersten Mal möglich, das Abitur zu machen. Die Einschreibung zum regulären Studium wurde erst um die Jahrhundertwende (z. B. 1900 in Baden und 1908 in Preußen) zugelassen (Baus 1994). Während in der Weimarer Republik eine Liberalisierung und Demokratisierung eintrat, brachte die Zeit von 1933 bis 1945 auch für den Zugang der Frauen zum Wissenschaftsbetrieb deutliche Rückschritte. Frauen in Leitungspositionen einschließlich Professuren wurden von den Nationalsozialisten nicht toleriert.

Wie bereits ausgeführt, wirkte sich die stark konservativ geprägte Adenauer-Zeit der frühen Bundesrepublik für den Zugang von Frauen zu Bildung und Wissenschaft ebenfalls eher negativ aus. Zu Beginn der 1960er Jahre, als die Expansion des Hochschulsystems einsetzte, machten Frauen noch nicht einmal 24 % (BMBF 2000) der Studierendenpopulation aus.

Abbildung 1: Entwicklung der Studierendenzahlen in Deutschland 1913-2005, alle Hochschularten

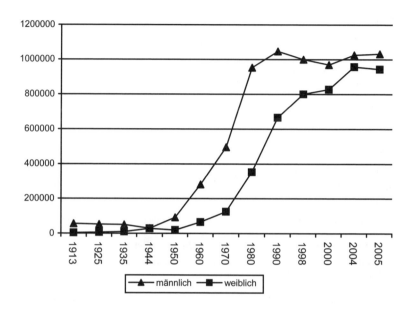

Quellen: Fachserie Statistisches Jahrbuch für die Bundesrepublik Deutschland, 1951-2000 (Zahlen für 1913-1998); Statistisches Bundesamt 2006b (Zahlen für 2000, 2004 und 2005)

1. Die Daten für 1960, 1970 und 1980 schließen nur deutsche Staatsbürger ein.
2. Die Daten für 1960, 1970 und 1980 beziehen sich nur auf die westlichen Bundesländer.
3. Die Daten für 1950 beziehen sich auf alle Bundesländer, außer Saarland und Berlin.

Seit 1960 hat der Anteil weiblicher Studierender in den akademischen Richtungen des tertiären Bildungssektors stark zugenommen und sich inzwischen der Anzahl der männlichen angenähert (vgl. *Abbildung 1*). Im Jahr 2002 lag der Anteil der weiblichen Studienanfänger zum ersten Mal bei über 50 % aller Studienanfänger. Dennoch sind die Studienrichtungen immer noch stark geschlechtsspezifisch besetzt.

61

Tabelle 5: Frauenanteile unter den Studierenden in verschiedenen Disziplinen, in %

	1980*	1998	2004
Disziplin			
Sprach- und Kulturwissenschaften	56,6**	65,5	72,8
Jura, Wirtschafts- und Sozialwissenschaften	34,5	43,4	50,8
Mathematik und Naturwissenschaften	33,6	34,3	39,8
Medizin	34,7	49,8	66,0***
Veterinärmedizin	43,4	77,5	59,2
Agrar-, Forst- und Ernährungswissenschaften	44,6	52,2	(zusammengefasste Angabe)
Kunst	54,4	61,9	
Ingenieurwissenschaften	9,2	19,0	20,5

* Ohne Berücksichtigung der ostdeutschen Universitäten
** Mit Sport
*** Inklusive Gesundheitswissenschaften

Quellen: Majcher 2004 (Zahlen für 1980 und 1998); Statistisches Bundesamt 2005 (Zahlen für 2004)

Frauen wählen viel häufiger ein Studium in den Fächern Sprach- und Kulturwissenschaften, Kunst, Humanmedizin und Veterinärmedizin sowie Ernährungswissenschaften. Männer überwiegen dagegen deutlich in den Fächern Ingenieur- und Naturwissenschaften. Aufgeholt haben die Frauen in den Bereichen Jura, Wirtschafts- und Sozialwissenschaften, wo sie 2004 etwa die Hälfte der Studierenden ausmachten. Allerdings studieren Frauen noch immer deutlich häufiger mit dem Ziel der Lehramtsqualifikation – fast 70 % der Lehramtskandidaten sind Frauen (BMBF 2000).

Aufgrund der Gender-Segregation finden wir weniger Frauen an Fachhochschulen, da Letztere seltener Studiengänge in den frauen-

lastigen Bereichen anbieten. Der Zugang von Frauen zur wissenschaftlichen Tätigkeit erfolgte in Deutschland deutlich später als ihr Zutritt
zu Schule und Studium. Erst in der Weimarer Republik konnten Frau-
en als Wissenschaftlerinnen tätig werden. Die Habilitation wurde für
Frauen in Preußen 1920 möglich und 1923 erhielt die erste Frau einen
Lehrstuhl (Baus 1994: 18-19; Schlüter 1992; Kleinau 1996). Dennoch
wurden Frauen auch weiterhin diskriminiert: So konnten verheiratete
Frauen z. B. damals keinen Beamtenstatus erlangen (Baus 1994: 13-22).

Auch mit der Expansion des Hochschulsystems in den 1960er und
1970er Jahren veränderte sich das Bild nicht entscheidend. Frauen
waren nach wie vor im Wissenschaftsbetrieb stark unterrepräsentiert.
Es wurden damals vergleichsweise nur wenige Frauen auf Lehrstühle
berufen, da die Anzahl von Frauen, die promovierten oder sich habilitierten, noch immer gering war. 1960 gab es unter den Personen, die
eine Promotion abschlossen, nur 404 (14,7%) Frauen im Gegensatz zu
2338 Männern. Zwischen 1920 und 1970 habilitierten sich nur 456
Frauen in Deutschland (Boedeker/Meyer-Plath 1974). Im Vergleich
dazu wurde in den 1960er Jahren etwa jedes zweite Jahr die gleiche
Anzahl von Männern habilitiert.

Erschwerend kam hinzu, dass habilitierte Frauen auch seltener als
ihre männlichen Kollegen berufen wurden (Hampe 1963). Trotz Expansion des Hochschulsystems stieg bis 1977 die absolute Zahl der
Professorinnen in Deutschland von 93 im Jahr 1963 (0,8%) auf lediglich 1414 (5,5%). Hierbei ist zu berücksichtigen, dass durch die Integration der Pädagogischen Hochschulen in das Universitätssystem der
Frauenanteil deutlich erhöht wurde, da an den pädagogischen Hochschulen 1977 11 % Professorinnen tätig waren – im Vergleich zu 4,9 %
an den restlichen Universitäten (Mohr 1987: 209).

1.3.2 Gleichstellungspolitik

Zu Beginn der 1980er Jahre wurde die Unterrepräsentation der Frauen im Wissenschaftsbereich schließlich zum politischen Thema. Es wurden verschiedene Maßnahmen eingeleitet, um die Gleichberechtigung von Männern und Frauen, wie sie heute im Grundgesetz festgeschrieben ist, auch an den Universitäten zu fördern. Die Maßnahmen im Hochschulbereich standen dabei im Zusammenhang mit einer Institutionalisierung der Gleichstellungspolitik in allen gesellschaftlichen Bereichen, zu deren Eckpunkten auch die Verabschiedung des Bundesgesetzes und der Landesgesetze zur Förderung von Frauen bzw. zur Gleichstellung von Frauen und Männern im öffentlichen Dienst zählte (Cordes 2004: 714). Ziel der Gesetze ist es, bestehende Benachteiligungen insbesondere bei der Besetzung von beruflichen Positionen abzubauen sowie die Vereinbarkeit von Familie und Erwerbstätigkeit zu verbessern (Deutscher Bundestag 2001a, DGleiG vom 30.11.2001). Auch in den Wissenschaftsministerien der Länder kam es zur Einrichtung von Referaten zur Gleichstellung von Männern und Frauen.

Im Hochschulbereich führte, wie bereits erwähnt, die Novellierung des Hochschulrahmengesetzes von 1985 die Möglichkeit ein, zur Durchsetzung des im Grundgesetz festlegten Gleichstellungsgebotes in die Hochschulsteuerung einzugreifen. Die Änderung des HRG von 1998 erkannte schließlich auch das Amt der Gleichstellungsbeauftragten an, das an den Universitäten etwa seit Ende der achtziger Jahre eingerichtet wurde. Die erste Arbeitsstelle Frauenförderung entstand 1985 an der Universität Hamburg.

Die Position der Frauenbeauftragten ist ein Wahlamt, das auf den verschiedenen Ebenen der Fachbereiche sowie Institute der Universität eingeführt wurde (Schenk 2005: 199; Kahlert 2003: 84ff.). Die zentrale Frauenbeauftragte, die die Interessen der Frauen der gesamten Universität vertritt, hat insofern eine herausgehobene Position, als sie nicht nur das Recht hat, an den Sitzungen der Berufungskommissionen teilzunehmen und hier jeweils zur Abgabe einer Stellungnahme verpflichtet ist. Die Frauenbeauftragte der Universität ist gleichzeitig Mitglied des obersten Leitungs- und Steuerungsgremiums der Universität – des Rektorats oder Präsidiums. Sie hat somit Teil an der strategischen Planung der Universität. Allerdings unterscheiden sich zum Teil die Zuständigkeiten, die mit dem Amt verbunden sind, in den verschiedenen Bundesländern. Infolge der Gleichstellungspolitik wurden bei Stellenausschreibungen für Professuren jeweils besondere Hinweise aufgenommen, die direkt an weibliche Wissenschaftlerinnen adressiert sind und diese zur Bewerbung einladen. Zusätzlich sind die Landeskonferenzen der Frauen- und Gleichstellungsbeauftragten sowie deren Zusammenschluss in der Bundeskonferenz der Frauen- und Gleichstellungsbeauftragten an Hochschulen (BuKoF) als wichtige Institutionen zu nennen, die den Gleichstellungsbeauftragten erlauben, ihre Erfahrungen auszutauschen und gemeinsam Strategien zu entwickeln. Schließlich folgten die Universitäten und Fachhochschulen dem Gleichstellungsauftrag vielfach auch durch eine Änderung ihrer Universitätssatzungen. Sie können auch Frauenförderungspläne oder spezifische Rekrutierungsziele aufstellen und Anreize oder Sanktionen einführen, die die Umsetzung des Gleichstellungsauftrages befördern.

Ein weiteres wichtiges Instrument der Förderung sind finanzielle Anreize. Konkret erhalten die Universitäten staatliche Zuwendungen je nach ihren Leistungen auf dem Gebiet der Umsetzung des Gleichstellungsauftrages. Diese Praxis wird u. a. auch inneruniversitär eingesetzt, so dass die Universitätsleitung entsprechende Anreize für die Fachbereiche oder Institute setzt. Diese zusätzliche finanzielle Förderung kann beispielsweise durch die Einrichtung von Stellen für Frauenforschung oder für Nachwuchswissenschaftlerinnen erfolgen. Praxis ist auch die Auflage spezifischer Programme speziell für weibliche Wissenschaftler, so etwa Mentoring-Angebote.

In den 1990er Jahren wurden außerdem von Bund und Ländern gemeinsam finanzierte Hochschulsonderprogramme gestartet. Das Hochschulsonderprogramm III, das von 1996 bis 2000 in Kraft war, kann sicher als das wichtigste Programm in diesem Rahmen charakterisiert werden, da es sich u. a. bewusst die Förderung von Frauen in Wissenschaft und Forschung zum Ziel setzte. Es wurden spezielle Maßnahmen der Karriereförderung von Frauen entwickelt, wie Stipendien, die bei der Rückkehr in den Beruf nach einer Karriereunterbrechung gewährt wurden, oder aber „Kontaktstipendien" für Frauen in Elternzeit. Das Programm förderte darüber hinaus noch eine ganze Reihe von neuen Initiativen sowie die Gründung von Netzwerken, so etwa die Einrichtung von neuen Professuren und Forschungsprogrammen in der Frauen- und Geschlechterforschung.

Ein weiteres Programm unter dem Titel „Chancengleichheit für Frauen in Forschung und Lehre" begann 2001 und wurde 2003 bis zum Jahr 2006 verlängert. Es hatte zum Ziel, den Anteil von Frauen an Professuren deutlich zu erhöhen. Hierbei wurde mittelfristig eine Zielmarke von 20 % Frauenanteil bei Professuren angestrebt. Ferner wollten Bund und Länder eine 40-prozentige Beteiligung von Frauen auf allen Ebenen des wissenschaftlichen Qualifikationsprozesses erreichen. Das Projekt verfügte über ein jährliches Budget von 30 Millionen Euro. Hiervon waren 75 % der Fördersumme für Frauen reserviert, die sich in einer wissenschaftlichen Qualifikationsphase befanden, 15 % dienten der Förderung der Frauen- und Geschlechterforschung, und weitere 10 % zur Finanzierung von Maßnahmen mit der Zielsetzung, die Frauenbeteiligung in den Natur- und Ingenieurwissenschaften zu erhöhen.[2] Auch haben alle anderen staatlichen Programme, die sich nicht direkt an Frauen wenden, inzwischen die Auflage, bei der Umsetzung zumindest eine Frauenquote von 40 % zu erreichen (BLK 1999).

Auch auf Länderebene wurde eine Reihe entsprechender Programme eingerichtet. Unter anderem wurde z. B. in Nordrhein-Westfalen das Lise-Meitner-Stipendienprogramm aufgelegt, das sich nur an weibliche Wissenschaftler richtet. Ursprünglich als vergleichsweise großzügige finanzielle Förderung der Habilitationsphase konzipiert, werden derzeit vor allem weibliche Post-Docs und Gastwissenschaftlerinnen mittels Lise-Meitner-Stipendien gefördert (MWF NRW 2006).

Ebenfalls in die Zeit der Institutionalisierung der Gleichstellungspolitik an deutschen Hochschulen fallen die Einrichtung von „Gender-Professuren", die Einführung von „Gender-Studienprogrammen" sowie die Errichtung von „Zentren für Geschlechterforschung". Seit den 1990er Jahren gibt es außerdem einige Initiativen bzw. Service-Einrichtungen speziell für Wissenschaftlerinnen, darunter das Kompetenzzentrum „Technik-Diversity-Chancengleichheit"[3] und das *Center of Excellence Women and Science* (CEWS)[4]. Im Jahr 2001 wurde der durch die Bundesministerien für Bildung und Forschung sowie für Familie, Senioren, Frauen und Jugend geförderte *Total E-Quality Science Award*[5] eingerichtet, der Institutionen in Wissenschaft, Wirtschaft, Politik und Verwaltung auszeichnet, die eine an Chancengleichheit ausgerichtete Personalpolitik verfolgen.

---

2 Vgl. www.bmbf.de/de/494.php, www.blk-bonn.de/chancengleichheit_fuer_frauen.htm.

3 Vgl. www.kompetenzz.de.

4 Vgl. http://www.cews.org/cews/index.php.

5 Vgl. http://www.total-e-quality.de/teq/.

Diese Initiativen sind essentiell für ein erfolgreiches Lobbying und bieten Frauen Möglichkeiten für ein effektives Networking. Als ein in der Literatur viel zitiertes Beispiel für die Vernetzung und interdisziplinäre Zusammenarbeit unter den Professorinnen ist das „Netzwerk Frauenforschung des Landes Nordrhein-Westfalen"[6] anzuführen. Das als loser Zusammenschluss von Wissenschaftlerinnen entstandene Netzwerk wurde Mitte der 1980er Jahre durch Landesfördermittel und die Einrichtung einer Geschäftsstelle stärker institutionalisiert. Mittlerweile sind dem Netzwerk mehr als 40 Netzwerk-Professorinnen angeschlossen. Dazu kommen ca. 20 assoziierte Professorinnen sowie rund 100 wissenschaftliche Mitarbeiterinnen in unterschiedlichen Positionen. Die Leistungen des Netzwerkes sind vielfältig und umfassen neben Kooperationsprojekten und zahlreichen Tagungen die Herausgabe einer Buchreihe und das zweimal jährlich erscheinende „Journal Netzwerk Frauenforschung NRW". Darüber hinaus bietet das Netzwerk interne Workshops z. B. zu Hochschul- und wissenschaftspolitischen Fragen sowie öffentliche Tagungen zu Fragestellungen der Frauen- und Geschlechterforschung an (Kortendiek 2005).

All diese Maßnahmen zielen darauf ab, den Anteil an Frauen auf allen Karrierestufen und besonders in den Spitzenpositionen der Wissenschaft zu erhöhen. Vergleicht man die Chancenstruktur der Wissenschaftlerinnen heute mit der ihrer Kolleginnen in den Anfängen der Bundesrepublik, so hat sich diese insgesamt deutlich verbessert (Abele 2003). *Tabelle 6* zeigt, dass sich seit 1980 der Anteil weiblicher Professorinnen von 5,3 % auf 14,3 % im Jahr 2005 fast verdreifacht hat, wenn man alle Professuren betrachtet.

---

6   Vgl.: http://www.netzwerk-frauenforschung.nrw.de.

Tabelle 6: Frauenanteile in verschiedenen Stadien der akademischen Laufbahn 1980-2005, alle Hochschularten, in %

Jahr	Studien- anfänger	Studie- rende	Absol- venten	Promo- tionen	Habili- tationen	Profes- suren	C 4 Profes- suren
1980	40,2	36,7	34,1	19,6	4,8	5,3	2,5
1985	39,8	37,8	36,8	24,1	7,2	5,1	2,3
1990	39,4	38,3	36,5	27,8	10,0	5,5	2,6
1995	47,8	41,7	40,7	31,5	13,8	8,2	4,8
2000	49,2	46,1	44,8	34,3	18,4	10,5	7,1
2001	49,4	46,7	46,0	35,3	17,2	11,2	7,7
2002	50,6	47,4	46,9	36,4	21,6	11,9	8,0
2003	48,2	47,4	48,4	37,9	22,0	12,8	8,6
2004	48,8	47,7	49,2	39,0	22,7	13,6	9,2
2005	48,8	47,8	49,5	39,6	23,9	14,3	9,7

Quellen: Statistisches Bundesamt 2001: Appendix *Tabelle* 14.1; Statistisches Bundesamt 2003, S. 35; Statistisches Bundesamt 2006a.

Dennoch haben sich für weibliche wie männliche Wissenschaftler die Karrierechancen an deutschen Universitäten insgesamt eher verschlechtert, weil seit den 1970er Jahren und dem Ende der Expansionsphase des Bereichs der tertiären Bildung die Anzahl der Nachwuchspositionen und Professuren stagniert. NachwuchswissenschaftlerInnen findet man vor allem in dem wachsenden Bereich der befristeten Teilzeitbeschäftigungen, die extern über Drittmittel finanziert werden. Auch die Expansion des Hochschulsystems in den 1990er Jahren infolge der deutschen Wiedervereinigung führte nicht zu einer maßgeblichen Feminisierung der Spitzenpositionen an den Universitäten.

Anhand der Tabelle ist deutlich erkennbar, dass Frauen auch heute noch auf den Stationen des Qualifikationsweges zu Leitungspositionen in der Wissenschaft aussteigen oder auch verdrängt werden, so dass wir auf den höheren Ebenen immer geringere Frauenanteile finden. Dieses Phänomen zeigt sich auch in anderen Ländern und wird als *„Leaky Pipeline"* (Phänomen der tropfenden Leitung) bezeichnet, da mit zunehmender Länge des Weges zur Professur immer mehr Frauen aus dem „Strom der Qualifizierten" herausfallen.

Abbildung 2: Frauenanteile unter europäischen WissenschaftlerInnen im Hochschulbereich (alle Positionen) im Jahr 2004, in %

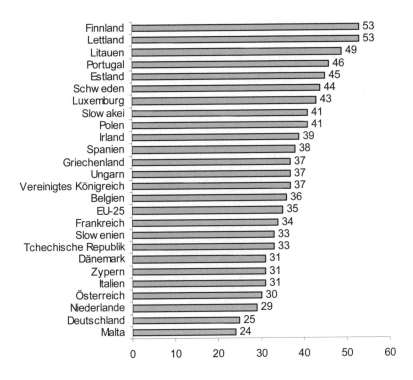

Quelle: European Commission 2006, S. 28.

Dies ist auch dann der Fall, wenn man Kohorteneffekte berücksichtigt: Frauen in der Wissenschaft weisen eine jüngere Altersstruktur auf, da die Anzahl des weiblichen Nachwuchses auf Studierendenebene sehr viel schneller wächst als die des männlichen. Tatsächlich hatte Deutschland 2004 im europäischen Vergleich zusammen mit Malta den geringsten Anteil weiblicher Forscher im Hochschulbereich (European Commission 2006: 28). Frauen stellten 2004 47,4 % der Studierenden und 39 % der Doktoranden. Auf der Ebene der Habilitation waren es nicht einmal mehr ein Viertel, bei den C - und C 4-Professoren reduzierte sich der Frauenanteil auf jeweils 13,6 % und 9,2 % (Statistisches Bundesamt 2006a). Weitere Differenzen erscheinen bei Verteilung der Professorinnen in den Bundesländern.

Tabelle 7: Frauenanteile an allen Professoren (C 2, C 3, C 4, W 1, W 2, W 3) im Jahr 2004 nach Bundesländern, absolut und in %

Professoren	Nieder-Sachsen	Berlin	Branden-burg	Bremen	Hamburg	Sachsen-Anhalt
Insgesamt	3189	2514	797	694	1557	1115
Weiblich	587	454	142	113	251	174
Prozent	18,4%	18%	17,8%	16,3%	16,1%	15,6%

Professoren	Sachsen	Hessen	Gesamt-Deutschland	Mecklenburg-Vorpommern	Nordrhein-Westfalen
Insgesamt	2213	3141	38443	837	7686
Weiblich	318	431	5224	109	1035
Prozent	14,4%	13,7%	13,6%	13%	13,5%

Professoren	Rheinland-Pfalz	Thü-ringen	Baden-Württem-berg	Schleswig-Holstein	Saar-land	Bayern
Insgesamt	1699	1071	5283	933	406	5308
Weiblich	210	131	623	104	44	498
Prozent	12,4%	12,2%	11,8%	11,1%	10,8%	9,4%

Quelle: Statistisches Bundesamt 2006d.

Hierbei ist, auch wenn einige Ausnahmen bestehen, ein tendenzielles Nord-Süd-Gefälle innerhalb Deutschlands zu beobachten. Besonders überdurchschnittliche Frauenanteile haben die Stadtstaaten sowie Brandenburg, Sachsen-Anhalt und Niedersachsen, das ganz vorn liegt. Äußerst unterdurchschnittlich sind die Anteile von Professorinnen im Saarland und in Bayern. Im Vergleich zu den Anfängen der

Bundesrepublik hat sich vor allem in jüngster Zeit die Repräsentation von Frauen auch im universitären Top-Management verbessert. 1998 waren nur elf von 222 deutschen Universitätsrektoren (5%), vier von 75 Präsidenten (5,3%) und 30 von 277 Kanzlern (10,8%) weiblich (BLK 2000). Im Jahr 2004 waren immerhin 16 von 226 deutschen Universitätsrektoren (7,1%), 14 von 104 Präsidenten (13,5%) und 48 von 262 Kanzlern (18,3%) Frauen (BLK 2005).

Doch nach wie vor sind Frauen in diesen Top-Positionen nicht adäquat vertreten, was durchaus kritisch zu bewerten ist. Frauen sind in wichtigen inneruniversitären Debatten kaum präsent, in denen Entscheidungen zur institutionellen Struktur der Universität getroffen werden. Auch fehlen dem System weibliche Rollenmodelle, die den Status quo in Frage stellen. In ähnlicher Weise ist der Anteil von Frauen in wichtigen Organen der Hochschulpolitik häufig unbefriedigend. Der Frauenanteil in der Hochschulrektorenkonferenz spiegelt den geringen Anteil weiblicher Rektoren und Präsidenten wider. In der Wissenschaftskommission des Wissenschaftsrats finden wir derzeit zehn Frauen unter den 32 Mitgliedern (31%). Unter den Landesministern für Bildung und Forschung sind aktuell zwei Frauen (Brandenburg und Sachsen). Auch der Frauenanteil in den Gremien der Institutionen, die Forschungsgelder vergeben, wie die Deutsche Forschungsgemeinschaft (DFG), ist erstaunlich gering. Unter den 39 Senatoren der DFG sind zur Zeit sieben Frauen (18%), und der Prozentsatz der Frauen unter den 577 Mitgliedern der Fachkollegien, welche die Anträge und die Gutachten der *Peer Reviewer* wissenschaftlich bewerten sowie die angemessene Gutachterauswahl sicherstellen sollen, liegt bei nur 12 % (Deutsche Forschungsgemeinschaft 2006). Auch der Blick auf die Zusammensetzung des Akkreditierungsrates, der die Umsetzung der Einführung gestufter Studiengänge evaluiert und die Akkreditierungsagenturen zertifiziert, zeigt, wie niedrig nach wie vor die

die Frauenbeteiligung ist: Neben 15 Männern sind zwei Frauen vertreten (vgl. http://www.akkreditierungsrat.de, Zugriff am 6.9.2006).

Betrachtet man jedoch die Entwicklung in einer längerfristigen Perspektive, so ist festzuhalten, dass sich die Situation für Frauen im Hochschulsektor dennoch in den letzten Jahrzehnten in Deutschland deutlich verbessert hat, während die Berufssituation an den Universitäten prekärer geworden ist. Trotz der verbesserten Chancenstruktur von Frauen im Hochschulbetrieb schneidet Deutschland im internationalen Vergleich noch immer stark unterdurchschnittlich ab, wenn es um die Teilnahme von Frauen an Spitzenpositionen in Forschung und Lehre geht. Warum Frauen in Deutschland wie auch weltweit nicht in adäquater Weise in Spitzenpositionen an der Universität vertreten sind, ist inzwischen ein wichtiges Thema der Forschung. Theorien und empirische Studien, die sich mit „Frauen in der Wissenschaft" beschäftigen, werden im folgenden Abschnitt vorgestellt.

1.4 Frauen in der Wissenschaft als Thema der Forschung

1.4.1 Entwicklung und Strukturierung des Forschungsfeldes

Einen umfassenden Überblick über die Entwicklung des Forschungsfeldes zum Thema Frauen in der Wissenschaft gibt Inken Lind in ihrem Band „Aufstieg oder Ausstieg" (2004). Sie weist darauf hin, dass erste Arbeiten zum Themenbereich Frauen und Wissenschaft bereits bis in das 19. Jahrhundert zurückverfolgt werden können. Schon 1897 führte Kirchhoff Befragungen von Professoren zur Bildung von Frauen durch (Kirchhoff 1897). Seit den 1950er Jahren wurde die Situation von Frauen an Hochschulen verstärkt thematisiert, wobei es vor allem um die Einstellung zu und die Einschätzung von weiblichen Wissenschaftlern ging. Seit den 1960er Jahren rückt die Untersuchung der Lebens- und Arbeitssituation von Wissenschaftlern und Wissenschaftlerinnen ins Zentrum des Interesses. Hierbei wurden die unterschiedliche Lebenssituation sowie Unterschiede im Karriereverlauf von Männern und Frauen deutlich. In den Untersuchungen wurden zunehmend konkrete Diskriminierungen sowie Karrierehindernisse thematisiert. Es dominieren Veröffentlichungen von Wissenschaftlerinnen, es gibt aber auch Ausnahmen (Lind 2004: 20ff.).

Seit den 1980er Jahren lässt sich ein Nexus zwischen Arbeiten zur Situation von Wissenschaftlerinnen und der Frauenforschung bzw. den *Gender Studies* feststellen. Die Thematisierung von informellen anstelle von strukturellen Barrieren hat inzwischen an Bedeutung gewonnen (Lind 2004: 24).

Nach Lind hatte die Etablierung der Frauenforschung an Universitäten einen entscheidenden Anteil an der „Konjunktur" des Themas „Karrierewege von Wissenschaftlerinnen" (Lind 2004: 27). Viele der in diesem Bereich durchgeführten Studien werden inzwischen von Ministerien in Auftrag gegeben. Denn die Unterrepräsentation von Wissenschaftlerinnen ist zu einem politischen Thema geworden, und es gibt zu diesem Bereich eine umfangreiche Literatur, in der jeweils unterschiedliche Faktoren für die Unterrepräsentanz von Wissenschaftlerinnen an deutschen Universitäten verantwortlich gemacht werden.

Zum einen wird der historischen Entwicklung des Systems der tertiären Bildung in Deutschland hierbei eine wichtige Bedeutung zugewiesen, da während der Zeit des Nationalsozialismus Frauen generell von Führungs- und Leitungspositionen ausgeschlossen waren und es sich in der konservativ geprägten deutschen Nachkriegszeit für eine Frau nicht gehörte, beruflich tätig zu sein.

Neben historischen Erklärungsmustern spielt aber die Analyse gesellschaftlicher, individueller und organisatorischer Strukturen eine wichtige Rolle. Danach handelt es sich bei Universitäten in hohem Maße um „gegenderte Institutionen", in denen Frauen im Vergleich zu Männern weniger akzeptiert sind. Im Forschungsfeld „Frauen in der Wissenschaft" sind unterschiedliche theoretische Perspektiven vertreten, deren Erklärungsansätze in zwei große Bereiche eingeordnet werden, wobei durchaus auch Überschneidungen festzustellen sind.

1) *Genderforschungsansätze* gehen in ihrer Erklärung von einem Vergleich von Verhalten, Zielen, Fähigkeiten bzw. Fertigkeiten zwischen Männern und Frauen aus. Hierbei steht zunehmend die Frage im Zentrum, ob, wie und wo *Gender* in Wissenschaft und Hochschule hergestellt wird. Vor diesem Hintergrund lassen sich folgende drei Ansätze skizzieren, die z. T. auch eine chronologische Abfolge der theoretischen Prämissen der Frauen- und Geschlechterforschung darstellen:

a) Der *Differenzansatz* nimmt eine grundsätzliche Verschiedenheit von Frauen und Männern an,

b) der *Gleichheitsansatz* sieht keine Unterschiede und

c) der *Konstruktionsansatz* fragt nach der sozialen Herstellung
von Geschlecht/Gender.

2) *Ebenenspezifische Ansätze* betrachten den Wissenschaftsbetrieb und
die Hochschulen als ein Themen- bzw. *Policy Field* unter anderen
und analysieren die Position der Frauen in diesem *Policy Field* unter Verwendung jeweils unterschiedlicher Perspektiven.

a) Die in diesem Themenfeld angewandten *makrosoziologisch-
orientierten* Ansätze weisen enge Bezüge zur Wohlfahrtsstaats-
, Arbeitsmarkt- und Professionsforschung auf.

b) Demgegenüber sind die *mikrosoziologisch-orientierten* Ansätze
meist dem Kontext der Sozialisationsforschung zuzuordnen.
Ausschlussmechanismen werden hier auf kulturell bedingte
Verhaltensdispositionen und den individuell erworbenen Habitus zurückgeführt.

c) Auf der Ebene von Universitäten und Forschungsinstituten
werden unter Bezugnahme auf *organisationssoziologische und -
theoretische Ansätze* die spezifisch organisationsstrukturellen
Barrieren analysiert, die einer Integration von Frauen in die
Organisationskultur Hochschule und Wissenschaftsbetrieb
und ihre Aufnahme und Akzeptanz im Wissenschaftsbetrieb
behindern. Dabei gewinnt das Konzept der Mikropolitik in
der Organisation zunehmend an Bedeutung.

Insgesamt wird bei der Untersuchung der Gründe für die Unterrepräsentanz von Professorinnen von der Arbeitshypothese ausgegangen,
dass es sich bei karrierebezogenen Entscheidungen um dynamische
und komplexe Vorgänge handelt. Man kann annehmen, dass sich
organisationsstrukturelle, sozialisationsbedingte, kulturelle und dem

Wissenschaftsbetrieb immanente Hindernisse für Frauen auf den verschiedenen Karrierestufen gegenseitig verstärken und so genderspezifische Unterschiede akzentuieren.

1.4.2 Genderforschungsansätze

Gemäß dem Gleichheitsansatz bestehen zwischen Frauen und Männern in Bezug auf Fähigkeiten, Verhalten und Ziele keine Unterschiede. Es sind strukturelle Barrieren, die Frauen an der Nutzung ihrer Potentiale und der Erreichung ihrer Ziele hindern. Während Barrieren auf institutioneller Ebene trotz ihrer diskriminierenden Wirkung den Vorteil haben, dass sie zum Gegenstand politischen Handelns gemacht werden können, sind vor allem Widerstände auf der informellen Ebene schwer zu bewältigen. Sie entziehen sich dem Versuch offener Reformen, da sie häufig im Halbdunkel der ‚Organisation Universität' verschwinden. Mit Steuerungsinstrumenten wie rechtlichen Regelungen ist auf dieser informellen Ebene der Werte, Einstellungen und „tauschförmigen Machtbeziehungen" (Coleman 1970) nur wenig Veränderung zu bewirken. Doch genau diese informellen Barrieren sind es, die Frauen im Wissenschaftsbetrieb vom Zugriff auf strategische Ressourcen, insbesondere Netzwerke, ausschließen. Durch kulturelle Prägung des Wissenschaftsbetriebs und der Universitäten sind Frauen strukturell benachteiligt, da sie nicht umfassend integriert und als „Mitglied" der Organisation akzeptiert werden. Sie sind nicht selten von sozialer Ausgrenzung betroffen, was den Kontakt zu potentiellen Mentoren und den etablierten Kollegenkreisen erschwert und im Ergebnis zu einem Verbleiben am Rande der Scientific Community führt (Zuckerman/Cole/Bruer 1991).

Der Differenzansatz geht dagegen von einer grundsätzlichen Verschiedenheit von Frauen und Männern aus und folgert daraus unter-

schiedliche Charaktermerkmale, Fertigkeiten, Arbeits- und Führungs-
stile, Motivationen und Karriereinteressen. Demzufolge ließe sich
Differenz auch nicht abschaffen. Für den Ansatz ist dabei irrelevant,
ob das biologische Geschlecht oder eine Rollenzuweisung für die Differenz verantwortlich sind.

Unter dem Differenzansatz rückt die universelle Geltung von
Konzepten, die aus männlich geprägten Lebensentwürfen entstanden
sind – wie „Wissenschaftskarriere", „wissenschaftliche Arbeit" und so
genannte „Führungsqualitäten" – ins Zentrum der Kritik. Insofern
werden unter dem Differenzansatz der Wissenschaftsbetrieb und die
Universitäten in ihren kulturellen Prägungen als Ursache dafür gesehen, dass Frauen der Weg in Leitungspositionen erschwert wird.

Der Konstruktionsansatz untersucht die Reproduktionsweisen von
Gender und die zentrale Frage lautet: „ ... wie Frauen und Männer zu
verschiedenen und voneinander unterscheidbaren Gesellschaftsmit-
gliedern" (Wetterer 2004: 123) und damit zu Wissenschaftlerinnen
und Wissenschaftlern, zu Professorinnen und Professoren gemacht
werden. Mit dem Konzept des „*Doing Gender*" werden insofern jene
sozialen Prozesse in den Blick genommen, in denen Geschlecht als
„soziale folgenreiche Unterscheidung" hervorgebracht und reproduziert wird (Gildemeister 2004: 132).

1.4.3 Ebenenspezifische Ansätze

Unter die makrosoziologischen Ansätze fällt vor allem das *Bread
Winner Modell* der Wohlfahrtsstaatsforschung (Lewis 1993). Dieses
nimmt an, dass dem systematischen Ausschluss von Frauen aus Arbeitswelt, Politik, Bildung und Wissenschaft sowie ihrer sozialen Bindung an den Bereich des Haushalts und der Mutterschaft die genderspezifische Arbeitsteilung und dementsprechende Rollenzuweisung

der Industriegesellschaft zu Grunde liegt. Diese ordnet die öffentliche Sphäre der Produktion den Männern und die private Sphäre des Haushalts und der Reproduktion den Frauen zu. Trotz sukzessiven Abbaus rechtlicher Barrieren, wie der Hausfrauen-Ehe, die Frauen bis in die jüngste Vergangenheit den uneingeschränkten Zugang zu Berufen und zu uneingeschränkter Berufstätigkeit verwehrten, fungiert die genderspezifische Arbeitsteilung bei der Berufswahl weiterhin als Hindrnis für eine freie Karriereentscheidung. Sie wirkt im Sinne einer „mentalen Bremse" der ambitionierten Karriereplanung bei Frauen entgegen, die daher weniger häufig Leitungspositionen anstreben.

Im Kontext der Forschung zu Profession und Professionalisierung werden Prozesse der vertikalen Segregation auf den Wissenschaftsbetrieb und die Universitäten bezogen. Danach führt die mit Professionalisierungsprozessen einhergehende Prestige- und Statuszuschreibung in einem Berufsfeld zum systematischen Ausschluss von Frauen, und zwar in Form von „ausschließender Einschließung" bzw. „marginalisierender Integration" (Wetterer 1999). Die frühe Professionalisierung des Wissenschaftsberufs im 19. Jahrhundert, die hochgradig differenzierten Hierarchiestrukturen sowie die enge Verbindung zwischen Hochschullehrerberuf und gesellschaftlichem Status wurden hierbei als historisch gewachsene Barrieren für Frauen im Wissenschaftsbetrieb identifiziert (Costas 2000).

Weitere makrosoziologische Ansätze, welche die Unterrepäsentanz von Frauen in Leitungspositionen thematisieren, weisen Bezüge zur Werteforschung auf. Insbesondere Studien aus den 1960er Jahren nehmen auf Geschlechterstereotypen Bezug und stellen diese in Frage. Demnach galt eine Karriere im Wissenschaftsbetrieb lange als „unweiblich", da sie mit weiblichen Verhaltensdispositionen und Charaktereigenschaften nicht in Einklang zu bringen sei (vgl. Anger 1960). In diesem Kontext werden aus sozialpsychologischer Sicht zum einen negative Selbstzuschreibungen bei Mädchen und Frauen, wie z. B. unzureichende Leistungsfähigkeit und -motivation, kritisch thematisiert. Zum anderen werden den Frauen im Alltagsverständnis zugeschriebene Eigenschaften, wie etwa mangelnde Durchsetzungskraft, hinterfragt (vgl. Faulstich-Wieland 1999).

Auch Ansätze, die speziell auf die so genannte Vereinbarkeitsproblematik von Beruf und Familie (z. B. Strehmel 1999; Baus 1994; Macha/Paetzhold 1992; Onnen-Iseman/Oßwald 1991; Schulz 1991; Bimmer 1972) eingehen, sind jener Gruppe von Erklärungen zuzuordnen, die spezifische Rollenzuschreibungen und -erwartungen an Frauen als ursächlich für ihre Unterrepräsentanz in universitären Spitzenpositionen erachten. Empirisch lässt sich zeigen, dass Wissenschaftlerinnen häufig Angst vor Schwangerschaft und damit gegebenenfalls Berufsunterbrechung haben, da der resultierende zeitliche Vorsprung der männlichen Kollegen im Hinblick auf das Karriereziel kaum einzuholen ist (Mesletzky 1996). Viele Frauen verzichteten daher auf Kinder (Onnen-Isemann/Oßwald 1991; Baus 1994). Diskutiert wird vor diesem Hintergrund auch die Frage wissenschaftlicher Produktivität von Frauen, wobei einige empirische Befunde zu dem Ergebnis kommen, dass kein Zusammenhang zwischen Produktivität und familiären Ereignissen besteht (Cole/Zuckerman 1991; Bochow/Joas 1987), andere dagegen feststellen, dass verheiratete Frauen mehr publizieren als unverheiratete (Davis/Astin 1990). Infolge des stereotypen Postulats eines geringen Karriere- und Leistungsinteresses von Frauen wird häufig gegen ihre Beschäftigung auf karrierefördernden Positionen entschieden, da man irrtümlich annimmt, dass sich eine Investition in weibliches Humankapital aufgrund der spezifischen Verhaltenspräferenzen und Charaktereigenschaften nicht lohne (vgl. Anger 1960). Empirisch lässt sich zeigen, dass mehr Frauen als Männer im Wissenschafts- und Universitätsbetrieb auf zeitlich befristeten und damit

unsicheren Projektstellen arbeiten und insofern strukturell benachteiligt sind (Vazquez-Cupeiro 2002; Bochow/Joas 1987).

Schließlich wird im Rahmen der Arbeitsforschung zunehmend die
empirisch festzustellende Abwertung von Berufsfeldern und Tätigkeiten infolge einer Feminisierung[7] dieser Bereiche thematisiert. Ein der-
artiger Negativtrend wird inzwischen für den Wissenschaftsbetrieb
und insbesondere für die Universitäten konstatiert (Siemienska 2000).
Danach geht die Feminisierung der Universitäten mit Prestige- und
Reputationsverlusten dieser Organisationen als Arbeitsplatz einher.
Die „Abwertung" der Universitäten zu „Lehrfabriken", wie sie empirisch für Großbritannien bereits nachgewiesen wurde (Vazquez-
Cupeiro 2002), führt zum Reputationsverlust der Institution.

Aus mikrosoziologischer Perspektive spielen besonders in der Sozialisation erworbene Verhaltensdispositionen eine Rolle. Die Entscheidung gegen einen ambitionierten Berufsweg wird daher häufig
unter Rekurs auf sozialisationstheoretische Ansätze erklärt. Demnach
verstärken genderspezifische Sozialisationsmuster die Reproduktion
der bestehenden Rollenmuster von Mädchen und Frauen nachhaltig.
Sozialisationstheoretische Ansätze werden u. a. im Hinblick auf die
Studienfachwahl herangezogen, um die genderspezifische Präferenz
für bestimmte Disziplinen und damit die Entscheidung für so
genannte Frauenstudien und -berufswege, wie den der Lehrerin oder
im angelsächsischen Bereich der Krankenschwester, zu erklären (Gisbert 2001).

Trotz der Emanzipationsbewegung, die das traditionelle Rollen-
verständnis in Frage stellt, lässt sich in allen gesellschaftlichen Berei-

---

7   Unter Feminisierung wird hier nur das Anwachsen des quantitativen Anteils von Frauen
    am wissenschaftlichen Personal, vor allem auch im Bereich der Leitungspositionen ver-
    standen.

chen eine Fortführung genderspezifischer Arbeitsteilung feststellen, wobei zwischen einer vertikalen und einer horizontalen Segregation zu unterscheiden ist. Die horizontale Trennung betrifft eher die Berufswahl und damit die Entscheidung für „Frauenberufe", welche die Rollenzuweisung der Frau als Hausfrau und Mutter widerspiegeln. Die vertikale Segregation bezieht sich dagegen auf die Schwierigkeiten für Frauen, bestimmte berufliche Statuspassagen, wie etwa den Aufstieg vom mittleren ins gehobene Management, die Berufung auf eine Professur oder die Einnahme einer Führungsposition (z. B. Rektorin oder Präsidentin) in der universitären Hierarchie erfolgreich zu meistern.

Ebenfalls diesem Bereich zuzuordnen ist der Habitus-Ansatz nach Pierre Bourdieu (1987). Ausgangspunkt ist die Frage, inwiefern die Entwicklung kultureller Dispositionen einerseits einer inneren Logik folgt, andererseits durch soziale Prozesse beeinflusst wird. Mit dem Konstrukt des sozialen Feldes formuliert Bourdieu einen Ansatz, nach dem jeder als „soziales Feld" definierte gesellschaftliche Bereich einer eigenen Logik folgt. Jeder „Mitspieler" im sozialen Feld – sei es die Wissenschaft, Universität oder die Disziplin – muss, falls er Macht und Einfluss gewinnen will, der feldspezifischen *Illusio* folgen und den festen Glauben an die Bedeutung des Feldes verinnerlicht haben. Mit der Spiel-Metapher wird verdeutlicht, dass die Aneignung der „Spielregeln" intuitiv und unbewusst erfolgt. Die intuitive Vermittlung von sozialen Strukturen bedingt nach Bourdieu die Entwicklung einer im Individuum selbst angelegten, intuitiv wirksam werdenden Instanz – des so genannten Habitus. Für die Forschung zur Marginalisierung von Frauen in der Wissenschaft eröffnet der Ansatz eine Perspektive auf die Interaktion zwischen individuellen Handlungen und sozialen Strukturen und damit auf die sich reproduzierenden Geschlechterverhältnisse, die aufgrund der unbewussten Übernahme und Anwendung des „Habitus" stattfindet bzw. Frauen infolge des nicht vorhandenen Habitus ausschließt (Lind 2004).

Schließlich stellt aus organisationstheoretischer Sicht der *Genderbias*, die in der Organisationskultur eingebetteten Werte und Normen, ein wesentliches Hindernis für den Aufstieg von Frauen in Leitungspositionen dar (vgl. Wilz 2002; Acker 1990; Kanter 1977). Demnach sind sowohl Auswahl-, Einstellungs- und Einstufungskriterien in Organisationen männlich geprägt, da ihnen im Verlauf der Industriemoderne entstandene, „männlich codierte" Lebensverläufe und -entwürfe, einschließlich des „Normalarbeitsverhältnisses" und der „Normalbiographie", zu Grunde liegen. Die spezifische Lebenssituation von Frauen wird hierdurch negiert. Gerade der Organisationsalltag, die Art der Entscheidungsfindung, der Konfliktlösung und der internen Gruppenbildung sind in hohem Maße „gegendert". Frauen werden von zentralen Prozessen der internen Meinungsfindung und Konsensbildung sowohl bewusst als auch unbewusst infolge spezifischer kognitiver Dispositionen, wie z. B. des mangelnden Habitus, ausgeschlossen. Die Ausschließungskriterien und -mechanismen werden in neueren Studien zunehmend aus mikropolitischer Perspektive im Anschluss an die *Power Studies* der Organisationssoziologie thematisiert (Morley 1999). Dabei hat der *Glass Ceiling-Ansatz* in jüngster Zeit deutlich an Relevanz gewonnen. Als *Glass Ceiling* bezeichnet man die unsichtbare Grenze, die Frauen in Organisationen entweder infolge von Verhaltensdispositionen oder infolge von spezifischen Ausschlussmechanismen ab einem bestimmten Punkt der Karriereleiter an einem beruflichen Fortkommen hindert (Powell 1999; Kanter 1977).

Im Unterschied zum Glass Ceiling-Ansatz geht dass *Threshold-Modell* (Sonnert/Holton 1995: 26) davon aus, dass sich Karrierebarrieren insbesondere auf den so genannten unteren Stufen des beruflichen

Werdegangs nachteilig für Frauen auswirken. Sobald eine wesentliche Schwelle auf dem Karriereweg genommen ist, lässt sich nach diesem Modell keine Diskriminierung im Laufe des weiteren beruflichen Werdegangs feststellen. Eine solche Schwelle kann im Wissenschaftsbetrieb z. B. in der Beschäftigung auf einer C 1-Stelle bestehen oder darin, dass die junge Wissenschaftlerin ein prestigeträchtiges Stipendium erhält. Empirisch liegen hierzu jedoch noch keine Ergebnisse vor.

1.4.4 Studien

Gleichwohl liegt inzwischen eine Fülle von Studien vor, die die geringe Repräsentanz von Frauen auf der Leitungsebene von Forschungseinrichtungen und Universitäten mittels sekundärstatistischer Analysen unter Beweis stellen (u. a. The Helsinki Group on Women and Science 2002; BLK 2002, 2000; ETAN 2000; Kramer 2000; Teichler 1996).

Die Gründe für die Unterrepräsentanz von Frauen in Leitungspositionen im Wissenschaftsbetrieb und an Universitäten werden sowohl mittels quantitativer als auch qualitativer Methodik untersucht, wobei Studien mittels qualitativer Zugänge und kleiner Samples, wie etwa *Case Studies*, Fokusgruppen und biographische Interviews, häufiger durchgeführt werden (Engler 2001; Macha et al. 2000; Wimbauer 1999; Wetterer 1989; Hasenjürgen 1996; Baus 1994; Geenen 1994; Baume/Felber 1994; Bauer et al. 1993; Macha/Paetzhold 1992; Schultz 1991; Duka 1990). Die Präferierung qualitativer Methodik ist einerseits forschungspragmatisch bedingt. Qualitative Untersuchungsdesigns sind zwar zeitaufwendig, in der Regel aber mit geringeren Kosten verbunden als auf Repräsentativität angelegte quantitative Forschungsdesigns. Andererseits entziehen sich subtile Prozesse wie Ausgrenzung und verdeckte Diskriminierung weitgehend der Erfassung durch quantitative Instrumente. Zunehmend findet man auch einen Methodenmix, wobei quantitativ angelegte Studien die Ausgangsbasis für qualitativ angelegte Forschungsdesigns zur Verfügung stellen (Holzbecher/Küllchen/Löther 2002; Strehmel 1999; Onnen-Iseman/Oßwald 1991; Lorenz 1953).

Während eine Reihe von empirischen Projekten ausschließlich auf Frauen fokussiert ist (Strehmel 1999; Baus 1994; Geenen 1994; Macha/Paetzhold 1992; Wetterer 1989, 1986; Bimmer 1972), nehmen andere eher Geschlechterdifferenzen in den Blick und berücksichtigen dementsprechend auch Männer beim Sampling (Vogel/Hinz 2004; Holzbecher/Küllchen/Löther 2002; Engler 2001; Macha et al. 2000; Wimbauer 1999; Baume/Felber 1994; Bauer et al. 1993; Onnen-Isemann/Oßwald 1991; Duka 1991; Schultz 1991).

Schließlich werden im Kontext der allgemeinen Hochschulforschung zahlreiche empirische, quantitative Untersuchungen durchgeführt, die zwar weder in ihrem theoretischen Setting noch in ihrem jeweiligen Sampling explizit auf die Gender-Perspektive Bezug nehmen, diese aber dennoch implizit mitberücksichtigen (Bochow/Joas 1987; Enders/Teichler 1995).

Im Rahmen der allgemeinen Hochschulforschung wurde in den 1950er Jahren, als Frauen noch eine kleine Minderheit unter den Studierenden darstellten und in der *Scientific Community* im Prinzip nicht vertreten waren, zumindest implizit ihre Unterrepräsentanz im Wissenschaftsbetrieb thematisiert. Allerdings zeichneten sich diese frühen und fast ausschließlich von Wissenschaftlern verfassten Studien zum Teil durch eine vorurteilsbelastete Sicht auf die intellektuellen Fähigkeiten von Frauen, ihre Charaktereigenschaften und Motive aus (Plessner 1956; Anger 1960; Vetter 1961). Ab etwa Mitte der 1960er Jahre haben sich verstärkt Wissenschaftlerinnen der Thematik angenommen und hierbei Geschlechterstereotypen und -diskriminierung sowie Fragen von Identität und Selbstperzeption von Wissenschaftlerinnen einerseits und Probleme ihrer Doppelbelastung durch Familie und Beruf andererseits in ihren nachteiligen Folgen für die Karriereentwicklung analysiert (Sommerkorn 1967; Bimmer 1972). Für die 1980er und 1990er Jahre lässt sich eine Diversifikation der Forschungsinteressen und -ziele sowie der methodologischen Zugänge im Hinblick auf das Themenfeld feststellen. Neben Aspekten der beruflichen Karriere im Wissenschaftsbetrieb und in den spezifischen Lebensumständen von Wissenschaftlerinnen (z. B. Petry 2000; Strehmel 1999; Bauer et al. 1993; Onnen-Iseman/Oßwald 1991) werden Machtprozesse an Universitäten (z. B. Hasenjürgen 1996; Geneen 1994) sowie Fragen und Probleme der weiblichen Berufssozialisation, Identitätsentwicklung und Konfliktbewältigung verstärkt untersucht (z. B. Engler 2001; Macha et al. 2000; Baus 1994; Macha/Paetzhold 1992; Bimmer 1972). Ferner lässt sich eine zunehmende Spezialisierung entweder auf einzelne Themenbereiche, wie etwa die Analyse der Stellung von Wissenschaftlerinnen in außeruniversitären Forschungsinstituten (Matthies/Simon 2004; Wimbauer 1999; Allmendinger 1998), auf den Umstrukturierungsprozess der ostdeutschen Hochschullandschaft oder aber auf spezifische Disziplinen, wie insbesondere auf die Natur- und Ingenieurwissenschaften (z. B. Fox 2003; Abele/Neunzert/Tobies 2004; Petry 2000) sowie auf vergleichende Betrachtungen zwischen den Natur- und Sozialwissenschaften (Mathies et al. 2001) feststellen.

Im Zentrum der Untersuchung steht jeweils die Identifikation struktureller, informeller und kulturell bedingter Barrieren und Schwierigkeiten, denen sich Frauen im Wissenschaftsbetrieb gegenübersehen (z. B. Röbbeke 2004; Burkhardt 2004; Onnen-Isemann/Oßwald 1991; Geneen 1994). Gleichzeitig werden günstige Kontextbedingungen für eine erfolgreiche wissenschaftliche Karriere wie etwa die soziale Herkunft herausgearbeitet (z. B. Leeman 2002; Baus 1994).

Paradoxerweise kommt die Mehrheit der Studien zu dem Ergebnis, dass sich Ausschlussmechanismen sowie offene und subtile Diskriminierung von Frauen im Wissenschaftsbetrieb und an Universitäten mit hoher Evidenz nachweisen lassen, die davon betroffenen Wissenschaftlerinnen jedoch häufig angeben, hiervon entweder persönlich nicht tangiert zu sein oder bestehende Schwierigkeiten und Probleme durch individuelle Anpassungsprozesse und effektivere Organisation der persönlichen Lebenssituation zu managen und damit überwinden zu können (z. B. Schultz 1991; Wetterer 1986). Insofern werden strukturelle Hindernisse und kontextuell bedingte Probleme und Schwierigkeiten von den Wissenschaftlerinnen auf die eigene Person bezogen und damit in individuell zu lösende bzw. zu überwindende Problemlagen umgedeutet.

Schließlich kommen im europäischen Ausland sowie in den USA durchgeführte Untersuchungen zur beruflichen Situation von Frauen im Wissenschaftsbetrieb und an Universitäten zu ähnlichen Ergebnissen wie deutsche Studien (Buchinger/Gödl/Gschwandtner 2002; Sonnert/Holton 1995; Sonnert 1995; Übersicht bei Bebbington 2001; Fogelberg et al. 2000). Während sich hinsichtlich der Kernaussagen der landesspezifischen Studien eine weitgehende Übereinstimmung der Ergebnisse feststellen lässt, bestehen jedoch erhebliche Divergenzen in Einzelaspekten. Beispielsweise kann man festhalten, dass der Anteil von Wissenschaftlerinnen an der Professorenschaft in Ländern mit Tenure Track-Berufungsverfahren vergleichsweise günstiger ausfällt als in Ländern, die den Wechsel der Universität zur Erlangung einer Professur notwendigerweise voraussetzen (ETAN 2000). Je nach landestypischem Universitätssystem, Karrieremuster und Berufsverlauf bestehen auch deutliche Unterschiede hinsichtlich der horizontalen wie auch vertikalen Segregation (The Helsinki Group on Women and Science 2002; ETAN 2000; Stiver Lie/O'Leary 1990). Vor dem Hintergrund von Globalisierung und insbesondere Europäisierung wird aktuell diskutiert, inwiefern sich die landesspezifischen Unterschiede abschleifen und es zu einer Konvergenz und damit zur Entstehung eines, wenn nicht internationalen, so doch zumindest einheitlichen europäischen Arbeitsmarktes des Wissenschaftsbetriebs und der Universitäten kommen wird (Enders 2001). Ob diese Entwicklung sich zu Gunsten oder eher zum Nachteil von Wissenschaftlerinnen auswirken wird, lässt sich derzeit ebenso wenig absehen, wie die Folgen des zunehmenden Trends der Privatisierung und damit zum Teil auch der Kommerzialisierung des Wissenschaftsbetriebs und der Universitäten. Empirisch sind die Folgen der sich derzeit vollziehenden tief greifenden Veränderungen der Universitätssysteme in Europa auf den Arbeitsmarkt Wissenschaftsbetrieb (vgl. Altbach 1996), auf das akademische Personal und insbesondere auf Wissenschaftlerinnen bisher noch nicht untersucht. Für die international vergleichende Hochschulforschung eröffnet sich damit ein weites Feld.

Gleichwohl wird auch im Folgenden der Blick primär auf die Situation im deutschen Hochschulsystem gelenkt. Vorgestellt und diskutiert werden die Ergebnisse einer quantitativen Untersuchung zu den Karrierewegen, der familiären Situation, dem Arbeitsalltag und der Selbstwahrnehmung von ProfessorInnen an deutschen Universitäten.

2. Wissenschaftskarriere an deutschen Hochschulen – Ergebnisse einer repräsentativen Befragung

2.1 Zielsetzung und Methode

Wie attraktiv ist die deutsche Universität derzeit für männliche und weibliche Wissenschaftler und wie gestaltet sich Universität als Berufsfeld und Arbeitsplatz für Frauen und Männer? Diese Fragen standen im Zentrum der Untersuchung „Wissenschaftskarriere"[8], die vom Bundesministerium für Bildung und Forschung gefördert sowie in enger Anbindung an das von der Europäischen Union finanzierte Research and Training Network *„Women in European Universities"*[9] durchgeführt wurde und sich auf eine Befragung von C 3- und C 4-ProfessorInnen an deutschen Hochschulen in ausgewählten Disziplinen stützte.

Ein zentraler Stellenwert kam dabei der Analyse der Karrierechancen und -hindernisse von Frauen an der Hochschule zu. Konkret wurde im Rahmen des Projektes mit einem quantitativen Untersuchungsdesign der professionelle Werdegang von ProfessorInnen untersucht, nach den Gründen der Berufswahl, dem Anforderungsprofil der Hochschullehrertätigkeit und nach dem außeruniversitären Engagement gefragt. Mittels eines umfangreichen Fragebogens wurden die Vereinbarkeitsproblematik von Beruf und Familie behandelt und die Zufriedenheit im universitären Alltag ermittelt. Thematisiert wurden somit erstmals sowohl die berufliche als auch die persönliche Situation von ProfessorInnen an deutschen Universitäten.

---

8   Zum Projekt Wissenschaftskarriere: http://csn.uni-muenster.de/WiKa.
9   Nähere Informationen zum Projekt: http://csn.uni-muenster.de/women-eu.

Der Fokus der Untersuchung lag dabei auf Fragen nach „verdeckter Diskriminierung" von Frauen am Arbeitsplatz Universität. Was verbirgt sich hinter diesem Begriff? Bereits in den 80er Jahren argumentierte Bourdieu, dass der berufliche Erfolg einer Person nicht ausschließlich auf persönliche Leistung zurückzuführen ist (Bourdieu 1984). Ob eine Person eine bestimmte Position erhält oder nicht, hängt ganz entscheidend von ihrer sozialen Akzeptanz durch ihre zukünftigen KollegInnen ab. Untersuchungen zum sozialen Hintergrund von Eliten zeigen deutlich (Hartmann 2004; Majcher 2006), dass wir als Mitglieder der Gesellschaft von unsichtbaren Grenzen umgeben sind. Diese basieren in erster Linie auf Reziprozität, und zwar in dem Sinne, dass man von seinem Gegenüber bzw. dem Kollegen oder der Kollegin als zugehörig zur selben sozialen Gruppierung mit ähnlichen Ideen, Idealen und einem vergleichbaren Lebensstil erkannt und akzeptiert wird. Gemäß Bourdieu konstituiert der „Habitus" einen wichtigen Teil unserer sozialen Realität. Durch den spezifischen Habitus wird signalisiert, dass man zu einer bestimmten gesellschaftlichen Gruppe gehört, oder, falls man nicht über den entsprechenden Habitus verfügt, als ein Nichtdazugehöriger oder eine Nichtdazugehörige von der Umgebung schnell identifiziert und ausgeschlossen wird.

Vor diesem Hintergrund ist das Vertrautsein eines Bewerbers oder einer Bewerberin an der Universität mit dem spezifischen „Habitus" der etablierten Professorengruppe eine ganz wesentliche Voraussetzung für die Akzeptanz des oder der Neuen. Nur die „Integration" in die Gruppe und die damit verbundene Anerkennung ist der Garant für den persönlichen beruflichen Erfolg. Dies gilt nicht nur für Universitäten, sondern trifft auf alle Berufsfelder zu. Man muss sich somit rechtzeitig mit den Gepflogenheiten und dem jeweiligen Stil des Berufsfeldes vertraut machen, um überhaupt in die engere Wahl für eine Stelle zu kommen. Ganz praktisch betrachtet bedeutet dies für den

91

Nachwuchswissenschaftler oder die Nachwuchswissenschaftlerin, dass er oder sie sich möglichst frühzeitig den spezifischen Habitus der zukünftigen Kollegen und Kolleginnen der betreffenden Fachdisziplin aneignen muss, um im Rahmen von Bewerbungsgesprächen als „von uns" anerkannt zu werden.

Darüber hinaus hat er oder sie zeitgleich ein solides Netzwerk „schwacher Bindungen" im Sinne von losen Kontakten und Beziehungen in der jeweiligen wissenschaftlichen *Community* aufzubauen, um frühzeitig über freie Positionen sowie über Interna und Hintergründe u. a. des BewerberInnen-Feldes und fachliche oder persönliche Präferenzen des Fachbereichs oder Instituts informiert zu werden. Vor allem Marc Granovetters herausragende Arbeit „Getting a Job" (Granovetter 1995) macht deutlich, wie wichtig solche *Weak Ties* für den beruflichen Erfolg und das Erreichen einer bestimmten Position im Berufsalltag sind. Diese Beziehungen umfassen Freundeskreise und Bekanntschaften mit einem gleichen Ideenhorizont und einem ähnlichen Lebensstil.

Granovetters und Bourdieus Beobachtungen stehen in engem Zusammenhang mit Chancenstrukturen und Karriereverläufen an der Universität. Deutschlands Gruppenuniversitäten sind in der Sprache der Organisationssoziologie lose verbundene „natürliche Systeme". Hier werden Entscheidungen vorrangig als Ergebnis von Verhandlungsprozessen getroffen, an denen die unterschiedlichen an der Universität beschäftigten Statusgruppen partizipieren, wobei jedoch die ausschlaggebende Stimme bei der Professorenschaft liegt. Auch Stellenbesetzungen inklusive der KandidatInnen-Auswahl für die Neubesetzung einer Professur unterliegen diesem Entscheidungsprozedere. Bestehen nun aber Unterschiede zwischen Männern und Frauen bezüglich der Möglichkeiten zum Erwerb des fachspezifischen Habitus und des Zugangs zu informellen Netzwerken aus so genannten *Weak*

Ties, so sind dies Prozesse „verdeckter Diskriminierung", da sie nicht auf den ersten Blick sichtbar werden wie etwa Gehaltsunterschiede zwischen Männern und Frauen in der privaten Wirtschaft.

Eine Zielsetzung der vorliegenden Untersuchung war es, diesen Prozessen nachzuspüren. Dabei wurde die Studie ganz bewusst als quantitative Befragung angelegt. Da die Mehrheit der Untersuchungen, die dieses Themenfeld bisher in den Blick genommen haben (vgl. Teil 1.4.4), eher der qualitativen Forschungstradition zuzurechnen ist, liegen dank der vorliegenden Ergebnisse einer quantitativen Befragung erstmals repräsentative Daten von Professorinnen aus einem breiten Fachspektrum vor, wie sie die Universität als Arbeits- und soziales Umfeld erleben. Ferner ist aufgrund der Anlage der Untersuchung ein Vergleich der Karrierewege sowie der Arbeitssituation von Professorinnen mit ihren männlichen Kollegen entsprechenden Alters und entsprechender Fachdisziplin möglich.

Im Folgenden wird zunächst vergleichend der Karriereweg von weiblichen und männlichen Hochschullehrern betrachtet, wobei die soziale Herkunft sowie die Motivation für die Berufswahl und der Stellenwert von Auslandsaufenthalten für den Karriereweg näher behandelt werden. Daran anschließend wird der Frage nachgegangen, ob und inwiefern sich Unterschiede zwischen den männlichen und weiblichen Befragten bezüglich ihrer frühen Integration in den Forschungsbetrieb via universitäre Tätigkeit und der Betreuung durch MentorInnen feststellen lassen. Ist der berufliche Werdegang von Professorinnen möglicherweise insofern von „verdeckter Diskriminierung" geprägt, als es ihren männlichen Kollegen eher möglich war, die verschiedenen Qualifikationsstufen mit Hilfe einer festen Anstellung an der Universität oder eines Forschungsinstituts zu meistern? Vor diesem Hintergrund werden daran anschließend Daten zur Lebenswelt Universität und zur Arbeitssituation betrachtet. Auch hier liegt ein besonderes Augenmerk auf dem Vergleich zwischen Männern und Frauen. Es interessiert vor allem, ob sich im Alltag der Universität weibliche und männliche Wissenschaftler in ihrer Leistungsbilanz unterscheiden. Hierzu werden Mobilität, d. h. Auslandsaufenthalte, Projektfinanzierung und Publikationen als Indikatoren herangezogen. In einem weiteren Schritt wird über diese objektiven Performanzmaße hinaus die subjektive Wahrnehmung der Universität als Lebenswelt beleuchtet. Hier stehen Akzeptanz im Beruf und Zugang zu Netzwerken, Einschränkungen und Belastungen sowie die Vereinbarkeit von beruflicher Tätigkeit und Familie im Vordergrund. Es wird untersucht, ob sich die Wahrnehmung dieser Aspekte zwischen den Geschlechtern unterscheidet, und es wird nach Erklärungen für Differenzen gesucht.

Insgesamt vermitteln die Ergebnisse der Befragung ein facettenreiches Bild des familiären Hintergrunds, der beruflichen Statuspassagen, der Performanz und der individuellen Lebenssituation von HochschullehrerInnen sowie der subjektiven Wahrnehmung ihrer Akzeptanz in der *Scientific Community*. Es liegen detaillierte Informationen über die Gestaltung des Berufsweges sowie über die Vereinbarkeit von beruflicher und persönlicher Lebensplanung vor, die unser Wissen über den ‚Arbeitsplatz Universität' maßgeblich erweitern. Unzweifelhaft ist, dass die Universität als Organisation eine spezifische Kultur besitzt. Wie schwer es jedoch Wissenschaftlerinnen fällt, sich in dieser eher männlich dominierten Arbeits- und Berufssituation den besonderen, durchaus auch fachwissenschaftlich geprägten „Habitus" der Universität anzueignen und diesen mit Freude zu leben, war auf der Basis der überwiegend qualitativ angelegten Forschungsvorhaben bislang nicht zu ermitteln. Die Ergebnisse der vorliegenden Untersuchung tragen dazu bei, die Wissenslücke der Hochschulforschung weiter zu schließen, da der Frage nachgegangen wurde, ob

Professorinnen die Universität als Ort erleben, wo sie akzeptiert und integriert sind und sich insofern auch „zu Hause" fühlen.

Vorgestellt werden im Folgenden die Ergebnisse einer Vollerhebung unter Professorinnen an deutschen Universitäten in sechs Fächergruppen. Dabei betrachtet die Studie sehr unterschiedliche akademische Disziplinen, von den Ingenieurwissenschaften mit einer traditionell geringen Frauenquote bis hin zu den Geisteswissenschaften, inklusive der Germanistik als eines von Frauen besonders geschätzten Studienfachs. Berücksichtigt wurden ferner die Naturwissenschaften (Biologie, Chemie, Physik, Mathematik), die Rechtswissenschaften, die Betriebs- und Volkswirtschaftslehre sowie die Sozialwissenschaften (Soziologie, Psychologie und Politikwissenschaft).

Aufgrund der Fokussierung der Umfrage auf die Karrierewege speziell von Professorinnen verwendete die Untersuchung ein spezifisches Sampling. Die Analyse basierte auf einer Totalerhebung der Professorinnen, die zum Untersuchungszeitpunkt an deutschen Universitäten eine C 3- oder C 4- Position innehatten.[10] Zum Vergleich wurde eine numerisch gleiche Zahl von männlichen Professoren in C 3- und C 4-Positionen in die Befragung mit einbezogen.

Insgesamt beteiligten sich mehr als tausend deutsche Professorinnen und Professoren an der Umfrage. Die Feldforschung erfolgte im Zeitraum von Juli 2002 bis Januar 2003. Wie aus anderen Studien in diesem Feld bereits bekannt, waren Professorinnen eher zur Teilnahme bereit als ihre männlichen Kollegen. Dabei erwies sich die Länge der Befragung als größtes Hindernis für eine Beteiligung.

---

10   Die Befragung wurde im Rahmen des vergleichenden EU-Projektes „Women in European Universities" durchgeführt. Da es den Hochschultyp der Fachhochschule nur in Deutschland und Österreich gibt, wurde dieser nicht in die Befragung einbezogen.

Tabelle 8: UniversitätsprofessorInnen mit C 3- und C 4-Positionen in ausgewählten Disziplinen im Jahr 2000, absolut und in %[11]

	Professorinnen		Professoren		Insgesamt
	in %	absolut	in %	absolut	absolut
Biologie	9,8	82	92,2	755	837
Chemie	3,9	33	96,1	821	854
Deutsche Philologie	22,7	123	77,3	419	542
Geschichte	11,4	72	88,6	558	630
Mathematik	3,7	39	96,3	1010	1049
Physik	2,9	31	97,1	1031	1049
Politikwissenschaft	14,7	34	85,3	197	231
Psychologie	16,8	76	83,2	376	452
Rechtswissenschaften	7,5	65	92,5	796	861
Sozialwissenschaften*	16,2	64	83,8	331	395
Wirtschaftsingenieur-wissenschaften	2,1	1	97,9	47	48
Wirtschaftswissenschaften	5,5	74	94,5	1282	1356
Ingenieurwissenschaften, ohne Architektur	3,0	71	97,0	2297	2368
Grundgesamtheit	7,2	765	92,8	9920	10685

* Sozialwissenschaften: Einige Bundesländer differenzieren nicht zwischen der Politikwissenschaft und der Soziologie. Die Zahlen beziehen sich überwiegend auf Professuren in der Soziologie. Aufgrund der Besonderheit des Sampling wurden jedoch auch Professuren der Politikwissenschaft hinzugerechnet.

Quelle: Statistisches Bundesamt 2001

Die Ergebnisse basieren auf Interviews mit 619 Professorinnen und 537 Professoren, die zum Befragungszeitraum in den zuvor genannten sechs Fächergruppen tätig waren. Da für die Auswertung ein Gewich-

---

11   Da nur sechs Fächergruppen in die Befragung einbezogen waren, fällt der absolute Prozentanteil der Professorinnen in Tabelle 8 niedriger aus als der durch das Statistische Bundesamt ermittelte Wert für die universitären Disziplinen insgesamt.

tungsfaktor konstruiert wurde, der den Datensatz auf die Grundgesamtheit von Professorinnen und Professoren in den verschiedenen
Disziplinen hochrechnet, sind die Ergebnisse der Umfrage repräsenta-
tiv für die ausgewählten Fachrichtungen. Diese Grundgesamtheit
wurde mittels eines speziell für diesen Zweck vom Statistischen Bundesamt angeforderten Datensatzes für das Jahr 2000 errechnet (vgl.
Tabelle 8).

2.2 Ergebnisse

2.2.1 *Gemeinsamkeiten*

Um ein zentrales Ergebnis der Untersuchung gleich an den Anfang zu stellen: Bei den HochschullehrerInnen handelt es sich um eine vergleichsweise homogene Gruppe. So überwiegen auf den ersten Blick die Gemeinsamkeiten des Karriereweges, der Motivation zur Berufswahl und insbesondere des sozialen Hintergrundes von weiblichen und männlichen Wissenschaftlern. Längst sind Frauen nicht mehr systematisch ausgeschlossen, wenn es darum geht, an der Universität Karriere zu machen. Vielmehr sind die Hürden und Formen der Diskriminierung von Frauen auf dem Weg in die Professur meist subtil und nicht mehr sofort zu erkennen. Doch werfen wir zunächst einen Blick auf die Gemeinsamkeiten.

2.2.1.1 Soziale Herkunft

Welchen Einfluss hat die soziale Herkunft auf den Karriereweg und die soziale Integration in das akademische berufliche Umfeld? Diese Fragestellung ist zum einen elitentheoretisch relevant, wenn betrachtet wird, ob bei ProfessorInnen ein Prozess der gesellschaftlichen Elitenreproduktion zu beobachten ist in dem Sinne, dass ProfessorInnen überwiegend aus höheren sozialen Schichten stammen. Andererseits ist die Frage nach der sozialen Herkunft im Hinblick auf den Erwerb des wissenschaftlichen Habitus von Bedeutung. Wenn die Befragten überdurchschnittlich häufig mindestens einen Elternteil aufweisen, der mit dem akademischen Feld zumindest vertraut oder etwa im Rahmen einer Promotion sogar dort tätig war, so ist dies ein Hinweis darauf, dass sich die Wahrscheinlichkeit einer Universitätskarriere erhöht, da durch die primäre Sozialisation bereits ein Kontakt zu den

Gepflogenheiten und dem Habitus des akademischen Feldes besteht. So können Lebensvorstellungen und Karriereziele von ProfessorInnen durch Eltern über deren Funktion von Rollenvorbildern beeinflusst werden. Ferner kann ein höherer Bildungsabschluss der Eltern auch als Indikator für eine privilegierte soziale Stellung interpretiert werden, die mit erhöhten Zugangschancen zu Bildungseinrichtungen und einer besseren Ausstattung mit feldspezifischen Ressourcen – wie dem adäquaten Habitus oder finanziellen Mitteln – verbunden ist.

Für die Betrachtung dieser Fragen wurde nach dem höchsten Bildungsabschluss der Mutter und des Vaters gefragt sowie nach dem Beruf der Eltern zu dem Zeitpunkt, als die Befragten 14 Jahre alt waren. Zunächst wird die Schichtzugehörigkeit der Befragten betrachtet. Dem Bildungsabschluss des Vaters kommt dabei die Rolle eines Schlüsselindikators zu, da bis in die 60er Jahre hinein die Statuszuschreibung über die berufliche Stellung des Mannes für die deutsche Gesellschaft typisch war. Hier fällt vor allem der hohe Anteil von Vätern mit Abitur bei etwa der Hälfte der Befragten sowie Studium (über 30 %) und Promotion (etwa 10 %) auf. Im Vergleich dazu besaßen im Jahr 2003 in der Gesamtbevölkerung ab 15 Jahren etwa 21 % die Fachhochschul- oder Hochschulreife, 10 % einen Fachhochschul- oder Hochschulabschluss und nur 1,3 % eine Promotion (Statistisches Bundesamt 2006e). Dabei ist zu berücksichtigen, dass diese Angaben alle jüngeren Generationen einbeziehen, die von der Bildungsexpansion profitierten, während sich die Daten für die Väter der Befragten auf die Generationen beziehen, die deutlich vor der Bildungsexpansion das Bildungssystem durchliefen, als der Zugang zum Abitur und zur Hochschule in der Gesamtbevölkerung noch deutlich geringer war.[12]

---

12   Da das Alter der Eltern unbekannt ist, werden die Daten aus 2003 als Vergleichsdaten herangezogen, obwohl davon auszugehen ist, dass in einer altersentspre-

Insgesamt weisen die befragten Professorinnen etwas häufiger Väter mit höheren Bildungsabschlüssen auf als ihre männlichen Kollegen. 53 % der Professorinnen, aber nur 45 % der Professoren stammen aus einem Elternhaus, in dem der Vater Abitur gemacht hatte. 42 % der Väter der Professorinnen schlossen ein Studium ab, während es bei den Befragten Männern 35 % waren.

Ein auffälliger Unterschied zwischen den Geschlechtern findet sich beim Bildungsniveau der Mütter der Befragten. 32,9 % der Mütter von Professorinnen, aber nur 19,6 % der Mütter von Professoren hatten das Abitur. Auch schlossen die Mütter von Professorinnen häufiger ein Studium ab (14,7 % versus 9,4 %). Hier kann vermutet werden, dass die Mütter unter anderem als Rollenvorbilder den akademischen Werdegang beeinflusst haben.

---

chenden Vergleichsgruppe der Väter der Befragten der Anteil von Personen mit Abitur, Studium und Promotion noch geringer ausfallen würde.

Tabelle 9: „Welches ist der höchste Bildungsabschluss ...", nach Geschlecht, in %

	... Ihres Vaters?		.... Ihrer Mutter?	
	w	m	w	m
Grundschule	7	10	12	16
Berufsschule/Mittlere Reife	22	27	36	42
Gymnasium oder Gesamtschule mit Abitur	10	9	16	9
Abgebrochenes Universitäts- oder Fachhochschulstudium	2	2	2	2
Abgeschlossenes Universitäts- oder Fachhochschulstudium	30	27	12	7
Doktorgrad	11	9	2	2
Keine genaue Angabe möglich	18	16	20	22
Insgesamt	100	100	100	100

Quelle: Alle Ergebnisse der Befragung werden im folgenden unter dem Titel „Wissenschaftskarriere" berichtet

Auswertungen über den Zusammenhang von Beruf der Eltern bzw. deren Bildungsniveau und dem Tempo der eigenen Karriere ergeben keine bedeutsamen Ergebnisse. Nur Befragte, deren Vater selbst Professor war, heben sich deutlich vom Durchschnitt ab. Solche ProfessorInnen schließen durchschnittlich 1,5 Jahre früher ihre Promotion und ihre Habilitation ab und erhalten fast drei Jahre früher ihre erste Professur. Der Anteil solcher Fälle war mit 1,4 % aber vergleichsweise unbedeutend. Bezüglich des Zugangs zu relevanten Karriereressourcen, wie der Finanzierung von späteren Statuspassagen, zeigen sich keine Unterschiede im Zusammenhang mit dem Beruf die Eltern. Bezüglich der Finanzierung durch eine feste Anstellung an einem Forschungsinstitut oder einer universitären Einrichtung waren Kinder von ProfessorInnen, hohen BeamtInnen oder Vertretern vergleichbarer Berufe gegenüber anderen nicht überrepräsentiert.

2.2.1.2 Karrierewege

Vor den aktuellen Universitätsreformen in den 1990er Jahren war die Berufsbiographie von Professorinnen und Professoren in höherem Maß standardisiert als in anderen Berufen. Üblich war eine Sequentialisierung in drei Qualifikationsphasen, die jeweils mit formalen Qualifikationsabschlüssen endeten: das Studium mit Diplom, Magister oder Examen, die Promotion und schließlich die Habilitation, die eine Voraussetzung für eine verbeamtete Professur darstellte. In Deutschland und vielen anderen Ländern hat der Begriff „Professor" eine doppelte Bedeutung: Er bezeichnet den Titel einer Person, die als Mitglied einer akademischen Gemeinschaft in einer bestimmten Disziplin forscht und lehrt. Des Weiteren beinhaltet der Begriff eine Berufsbezeichnung. Diese bringt zum Ausdruck, dass der Akademiker bzw. die Akademikerin eine universitäre Führungsposition einnimmt und damit das Recht auf eine bestimmte Besoldung hat, die im Großen und Ganzen durch den Gesetzgeber festgelegt wird. Vor der Reformierung des Universitätssystems war die Habilitation die Voraussetzung für den Eintritt in den akademischen Arbeitsmarkt wie auch für die Akzeptanz innerhalb der wissenschaftlichen *Community* einer Fachdisziplin. Dies änderte sich insbesondere mit der kürzlich eingeführten Junior-Professur, mit der ein junger Akademiker/eine Akademikerin auch ohne Habilitation ordentliches Fakultätsmitglied werden kann.

Mit Ausnahme der Professoren in den Ingenieurwissenschaften konnte die Mehrheit der Befragten auf einen „normalen" Karriereweg mit den oben genannten Qualifikationsabschlüssen zurückblicken. Interessanterweise zeichnen sich die akademischen Laufbahnen hierzulande durch eine bemerkenswerte Homogenität aus. Dies trifft insbesondere auf den zeitlichen Rahmen und die verschiedenen Karriereetappen zu.

Tabelle 10: Durchschnittliches Alter der Befragten bei Statuspassagen, nach Disziplinen

Disziplin	Studien-abschluss	Promotion	Habilitation	Erste Pro-fessur
		Durchschnittsalter (Jahre)		
Geisteswissenschaften	25	30	39	42
Sozialwissenschaften	25	31	39	41
Rechtswissenschaften	24	29	37	39
Wirtschaftswissen-schaften	24	30	36	38
Naturwissenschaften	25	28	36	39
Ingenieurwissenschaf-ten, ohne Architektur	25	31	39	41
Insgesamt	25	30	37	40

Quelle: Wissenschaftskarriere

Zum Zeitpunkt ihrer Graduierung waren die Befragten im Durchschnitt 25 Jahre alt. Mit anderen Worten: Erfolgreiche WissenschaftlerInnen sind zum Zeitpunkt der Beendigung ihres Studiums jünger als die Mehrheit der deutschen Studierenden. Das Durchschnittsalter der Graduierten lag 2004 bei 28 Jahren, wobei das Studium in der Regel mit 22 Jahren aufgenommen wurde (Statistisches Bundesamt 2006e).

Nach unseren Ergebnissen wird die Doktorarbeit im Durchschnitt fünf Jahre nach Abschluss des Studiums beendet. Dies heißt nicht, dass ProfessorInnen in Deutschland fünf Jahre ausschließlich in ihre Doktorarbeit investieren, ohne weiteren Verpflichtungen nachzugehen. Dennoch kann die Fünf-Jahres-Periode als Indikator für den akademischen Karriereweg betrachtet werden. Im Durchschnitt sind deutsche AkademikerInnen Ende 20 oder Anfang 30, wenn sie ihre Doktorarbeit erfolgreich abschließen und sich damit für die Planung des nächsten Karriereabschnitts qualifizieren.

Der zeitliche Rahmen für den erfolgreichen Abschluss der Habilitation ist je nach Disziplin leicht unterschiedlich. Gemäß unseren Ergebnissen erreichten WirtschaftswissenschaftlerInnen diese Qualifikation am schnellsten (sechs Jahre), während AkademikerInnen in den Humanwissenschaften durchschnittlich mehr Zeit benötigten (neun Jahre).

Es wird deutlich, dass der nächste Karriereschritt – die Berufung auf eine Professur – eine ganz entscheidende Hürde darstellt. Unsere Befragten brauchten nach Beendigung ihrer Habilitation im Durchschnitt drei Jahre, um den erfolgreichen Einstieg in den akademischen Arbeitsmarkt zu vollziehen. In der Tat handelt es sich hierbei um einen sehr langen Weg, muss man doch berücksichtigen, dass die WissenschaftlerInnen sich der 40 nähern, ehe sie berechtigt sind, sich um eine Professur zu bewerben. In diesem Alter sind die LehrstuhlanwärterInnen de facto darauf angewiesen, eine Stelle im Wissenschaftsbetrieb zu finden, da der Arbeitsmarkt außerhalb der Universität nur sehr bedingt bereit ist, NeueinsteigerInnen ohne berufliche Erfahrungen jenseits von Forschung und Lehre zu akzeptieren. Mit anderen Worten: Für habilitierte AkademikerInnen gibt es kaum realistische Alternativen bzw. eine Art Sicherheitsnetz, falls es ihr oder ihm nicht gelingt, es in dem relativ engen Zeitfenster nach der Habilitation auf die verbeamtete Position der Professur zu schaffen. Unsere Ergebnisse zeigen auch: Je attraktiver der Arbeitsmarkt außerhalb der Hochschule ist, desto schneller wird auf unbefristete Stellen berufen. So erhalten ÖkonomInnen, NaturwissenschaftlerInnen und JuristInnen einen Ruf auf einen Lehrstuhl in ihren Mittdreißigern, während SozialwissenschaftlerInnen und insbesondere GeisteswissenschaftlerInnen im Durchschnitt Mitte 40 sind, ehe sie auf eine Professorenstelle berufen werden.

Gibt es Unterschiede zwischen Männern und Frauen hinsichtlich der Karrierewege? Um dieser Frage nachzugehen, wurden auf der

Basis des Datenmaterials drei Gruppen identifiziert: ProfessorInnen, die jeden Karriereschritt in relativ jungen Jahren bewältigten, eine durchschnittlich schnelle Gruppe und schließlich die Nachzügler.

Verglichen mit ihren männlichen Kollegen waren die deutschen Professorinnen besonders erfolgreich, und damit schnell, was die Beendigung ihres ersten Karriereabschnittes betraf. Wie *Tabelle 11* zeigt, erhielt etwa die Hälfte der an der Studie beteiligten Professorinnen ihr Diplom mit 24 Jahren oder darunter, während nur 27 % ihrer männlichen Kollegen den ersten Abschluss in diesem Alter erreichten. Wissenschaftlerinnen dominieren zudem beim „schnellsten Weg", wenn es um den Erhalt der Doktorwürde geht. Es kommt jedoch zur „Trendwende", sobald es sich um die Habilitation und den Ruf auf eine verbeamtete Professur handelt. Die befragten Professorinnen brauchten für den Abschluss ihrer Habilitation in der Regel länger und waren somit bei Beginn der Bewerbungsphase um die Professur älter als ihre männlichen Kollegen. Während fast doppelt so viele Männer (28 %) wie Frauen (16 %) zur schnellsten Gruppe gehören, befinden sich umgekehrt doppelt so viele Frauen (40 %) wie Männer (20 %) in der langsamsten Gruppe. Damit zeigt sich, dass in der Karrierephase zwischen der Promotion und der Habilitation eine Verzögerung der weiblichen Karriereverläufe eintritt. Zudem ist dieser Übergang insofern von Bedeutung, als an diesem Punkt auch die stärkste Verminderung des Anteils von Frauen auf dem Weg zur Professur zu verzeichnen ist. Ferner setzt sich diese Verzögerung zum Zeitpunkt der Habilitation abgeschwächt bis zur Professur fort. Aus einer diachronen Perspektive ist dieser Karriereschritt zudem besonders relevant, da er die längste Phase im akademischen Karriereweg darstellt.

Tabelle 11: Alter bei den Qualifikationsabschlüssen, nach Geschlecht und
Gruppe, in %

Karrierestufen		Schnellste Gruppe	Durchschnitt- liche Gruppe	Langsamste Gruppe
		bis 24 Jahre	25 bis 26 Jahre	27 Jahre und älter
Studien- abschluss	männlich	27 %	48 %	25 %
	weiblich	46 %	40 %	15 %
		bis 27 Jahre	28 bis 31 Jahre	32 Jahre und älter
Promotion	männlich	17 %	57 %	26 %
	weiblich	22 %	52 %	27 %
		bis 34 Jahre	35 bis 39 Jahre	40 Jahre und älter
Habilitation	männlich	28 %	53 %	20 %
	weiblich	16 %	45 %	39 %
		bis 36 Jahre	37 bis 43 Jahre	44 Jahre und älter
Erste Pro- fessur	männlich	27 %	50 %	22 %
	weiblich	19 %	50 %	31 %

Quelle: Wissenschaftskarriere

Die Umfrageergebnisse zeigen jedoch auch, dass sich bei den Frauen
die Zeitspannen zwischen den Karriereabschnitten zunehmend ver-
mindern. Mit anderen Worten: Bestand vor Jahren noch ein bedeuten-
der Zeitunterschied zwischen Männern und Frauen in der Habilitationsphase, so nahmen die jüngeren Professorinnen, die an der Umfrage teilgenommen haben, die Hürde der Habilitation ebenso schnell
wie ihre männlichen Kollegen. Für die jüngeren Professoren und Professorinnen lässt sich somit eine Angleichung hinsichtlich des zeitlichen Verlaufs und der Dauer des Karriereweges bzw. hinsichtlich der
zeitlichen Investition in eine Professur feststellen.

Nach der jüngsten Novellierung des Hochschulrahmengesetzes ist
aber die Zeit, die ein(e) NachwuchswissenschaftlerIn an deutschen
Hochschuleinrichtungen in befristeten Vertragsverhältnissen beschäf-

tigt sein darf, auf zwölf Jahre begrenzt. Es besteht somit inzwischen ein sehr enges Zeitfenster nach Abschluss des Studiums bis zum Erhalt der ersten Professur. Dass mit dieser zeitlichen Eingrenzung auch Investitionen in Humankapital möglicherweise nicht ausgeschöpft bzw. verschwendet werden, da der oder die WissenschaftlerIn infolge des begrenzten Stellenmarktes sich zu dem betreffenden Zeitpunkt nicht auf eine Professur bewerben kann, scheint inzwischen auch in der allgemeinen Öffentlichkeit sowie im politischen Raum wieder diskutiert zu werden.

2.2.1.3 Auslandsaufenthalte

Wie international ist die Professorenschaft in Deutschland? Gehören Erfahrungen im Ausland zum akademischen Karriereweg inzwischen dazu? Betrachtet man für die unterschiedlichen Karrierestadien die Auslandsaufenthalte von mindestens drei Monaten, zeigt sich, dass insgesamt etwa 60 % der Befragten ohne Unterschied des Geschlechts über Auslandserfahrungen verfügen. Mit anderen Worten: Erfahrungen sammeln in der internationalen *Scientific Community* ist für die Mehrheit der ProfessorInnen Teil des Karriereweges. Der Hauptteil dieser Auslandsaufenthalte erfolgt zwischen Promotion und Habilitation, wo etwa 30 % der Befragten für mindestens drei Monate ins Ausland gingen. Am seltensten waren Auslandsaufenthalte zwischen Habilitation und erster Professur. Unterschiede zwischen Männern und Frauen sind nicht ausgeprägt, gleichwohl sind sie sehr interessant für die Analyse der Arbeitssituation von Professorinnen. Während die befragten Frauen häufiger als ihre männlichen Kollegen vor der Promotion ins Ausland gingen, unternahmen die Männer häufiger als die Frauen Auslandsaufenthalte nach Erhalt der ersten Professur.

Tabelle 12: Anteil der Personen mit Auslandsaufenthalten von mind. 3 Monaten in unterschiedlichen Karrierestadien, in %

	Weiblich	Männlich	Insgesamt
Vor der Promotion	29,8	22,6	23,1
Zwischen Promotion und Habilitation	34,0	30,5	30,8
Zwischen Habilitation und erster Anstellung als ProfessorIn	14,9	14,6	14,7
Seit der ersten Anstellung als ProfessorIn	17,0	24,7	24,1

Quelle: Wissenschaftskarriere

Auch hinsichtlich der Betrachtung der verschiedenen Altersgruppen lässt sich kein eindeutiger Trend bezüglich der Auslandsaufenthalte erkennen. Eines kann man aber doch festhalten: Der Anteil der Frauen, die zu irgendeinem Zeitpunkt ihres Karriereweges im Ausland waren, hat in der jüngsten Kohorte überdurchschnittlich stark zugenommen (71 %). Die jungen Professorinnen zeichnen sich deutlich durch Mobilität und Internationalität aus. Demgegenüber nimmt dieser Anteil bei den jüngeren Professoren im Gegensatz zu den älteren Kollegen eher ab.

Tabelle 13: Anteil der Personen mit einem oder mehreren Auslandsaufenthalten von mind. 3 Monaten in der gesamten Karriere, in %

	Vor 1945	1946-1960	1961-1970	Insgesamt
Weiblich	54	59	71	59
Männlich	59	60	54	59
Insgesamt	58	60	55	59

Quelle: Wissenschaftskarriere

Differenziert man die Auslandsaufenthalte nach Fachbereichen, wird
deutlich, dass die Natur- und Geisteswissenschaftler insgesamt überdurchschnittlich häufig und die Rechts- und Ingenieurwissenschaftler
besonders selten ins Ausland gingen. Der Vorwurf der geringen Internationalität trifft demnach gerade für jene Fächergruppe zu, die wie
die Rechtswissenschaften insbesondere an den großen traditionellen
Universitäten in Deutschland zu den Leitwissenschaften zählt und aus
deren Kreis nicht selten auch die Rektoren- sowie Präsidentenpositio-
nen besetzt werden. Auffällig ist im Vergleich zu den anderen Fach-
gruppen (31 %) der Anteil der Naturwissenschaftler (50 %), die zwischen Promotion und Habilitation ins Ausland gingen.

Zum Teil waren die Auslandsaufenthalte auch mit dem Erwerb
von ausländischen Abschlüssen verbunden. Am häufigsten erwarben
die Befragten im Ausland einen zweiten Studienabschluss (13,7 % der
zweiten Studienabschlüsse) oder eine zweite Promotion (9,4 % der
zweiten Promotionen). Es zeigt sich, dass insgesamt die Frauen häufiger einen Abschluss im Ausland erwarben als die befragten Männer
(vgl. *Tabelle 15).*

Tabelle 14: Anteil der Personen mit Abschlüssen von einer Universität im
Ausland, in %

	Weiblich	Männlich	Insgesamt
Erstes Diplom/Magister	7,7	4,4	4,6
Zweites Diplom/Magister	22,8	13,0	13,7
Erste Promotion	8,0	5,7	5,9
Zweite Promotion	13,6	9,1	9,4
Habilitation	3,8	2,8	2,9

Quelle: Wissenschaftskarriere

2.2.1.4 Motive für die Berufswahl

Berücksichtigt man, dass universitäre Karrieren doch eine vergleichsweise zeitintensive Investition darstellen und zugleich sehr risikobe-
haftet sind, müssen junge AkademikerInnen, die diesen beruflichen
Weg einschlagen, besonders motiviert sein. Die Ergebnisse der Umfrage ermöglichen interessante Einblicke, warum Mann oder Frau sich
für den Beruf des Universitätsprofessors bzw. der Professorin ent-
scheidet (vgl. *Tabelle 15*).

Tabelle 15: Motive für die Wahl einer wissenschaftlichen Karriere, in %

Motive	... spezifischen Neigungen nachgehen zu können bzw. zur Selbstverwirklichung	... autonom arbeiten zu können	... finanzielle Gründe	... einer gesellschaftlich sinnvollen Arbeit nachgehen zu können
Gar nicht wichtig	2,5	3,0	34,4	9,6
Eher nicht wichtig	1,0	2,8	35,7	9,8
Teils/teils	7,6	7,4	19,6	27,8
Eher wichtig	21,6	29,6	6,4	32,6
Sehr wichtig	64,9	54,6	1,1	17,3

Quelle: Wissenschaftskarriere

Wie *Tabelle 15* zeigt, sind die wichtigsten Motive für die Wahl einer akademischen Karriere der Wunsch nach „Selbstverwirklichung" und „autonomer Arbeit". Insgesamt 87 % der Befragten bezeichneten die Möglichkeit, „spezifischen Neigungen nachgehen zu können bzw. „zur Selbstverwirklichung" als „eher wichtig" oder gar „sehr wichtig" für ihre Berufsentscheidung. Mit 84 % schätzte fast der gleiche Anteil die „Möglichkeit, autonom arbeiten zu können" als genauso wichtig ein. Gleichzeitig bezeichnete über die Hälfte „die Möglichkeit zu unterrichten" und etwa die Hälfte der Befragten die „Möglichkeit, einer gesellschaftlich sinnvollen Arbeit nachzugehen" als „wichtig" bis „sehr wichtig". Hingegen wurden Motive, die nicht direkt mit der „Aura" der akademischen Arbeit verbunden sind, wie etwa „finanzielle Gründe", „beruflicher Aufstieg" oder „die Sicherheit des Arbeitsplatzes", als „eher unwichtig" bis „gar nicht wichtig" für die Entscheidung zu einer universitären Karriere bewertet. Den letzten Platz nehmen hierbei finanzielle Motive ein.

Schließlich gaben 57 % der Befragten an, die Aussicht, einer prestige-trächtigen Arbeit nachzugehen, sei eher unwichtig oder gar nicht wichtig für ihre Berufswahl gewesen. Dennoch teilen die Befragten aller Disziplinen die Ansicht, dass der Beruf eines Universitätsprofes-sors an der Spitze des gesellschaftlichen Prestigerankings stehe. 81 % der Befragten meinten, er habe ein „sehr hohes" oder „eher hohes" Prestige. Etwa auf der gleichen Stufe lagen in der Wahrnehmung der Befragten die Berufe des Managers in einem internationalen Unter-nehmen und des Bankdirektors. In ihrer Selbsteinschätzung sehen sich die ProfessorInnen damit durchgängig als Teil zumindest der Bil-dungselite.

Sind die Erwartungen, die den Ausschlag für die Wahl einer wis-senschaftlichen Karriere gegeben haben, auch tatsächlich Merkmale des Arbeitsplatzes Universität? Diesbezüglich zeichneten die Befrag-ten ein überwiegend positives Bild. 82 % hielten die Tatsache, auto-nom arbeiten zu können für „eher" oder „in hohem Maße" für ihre derzeitige Tätigkeit zutreffend. Drei Viertel der Befragten stimmten „eher" oder „in hohem Maße" zu, dass sie in ihrer Arbeit ihren spezi-fischen Neigungen nachgehen können. Gleichzeitig würde sich rück-blickend die Mehrheit der Befragten wieder für eine Universitätskar-riere entscheiden.

2.2.1.5 Im Fokus: Homogene Professorenschaft

Zusammenfassend kann festgehalten werden, dass in puncto soziale Herkunft die Befragten durchgehend aus Elternhäusern mit einem überdurchschnittlichen Bildungshintergrund stammen. ProfessorIn-nen, deren Eltern bereits das Abitur hatten oder sogar ein Studium abschlossen, erreichen im Vergleich zum Bevölkerungsdurchschnitt deutlich häufiger eine Professur. Dies gilt für Frauen in noch stärke-rem Maße als für Männer, und zwar besonders im Hinblick auf das

Bildungsniveau der Mütter der Befragten. Daraus lässt sich zweierlei schlussfolgern: Obwohl allgemein ein gehobenes Bildungsniveau der Eltern den Zugang zur Universitätskarriere befördert, schaffen es mehr Männer als Frauen, deren Eltern nicht das Abitur hatten, dennoch eine Professur zu erlangen. Für Männer ist es also im Falle einer schwierigeren Ausgangssituation einfacher, sich den erforderlichen akademischen Habitus anzueignen und im akademischen Feld Akzeptanz zu finden. Darüber hinaus kann aber eine Feminisierung der Universität in Richtung einer zunehmenden sozialen Homogenität interpretiert werden, da es vornehmlich Frauen aus bildungsnahen sozialen Schichten gelingt, sich am Arbeitsplatz Universität zu behaupten. In der Zukunft wird die Feminisierung der Universität zu einer weiteren Homogenisierung der Professorenschaft führen.

Hinsichtlich des Karriereweges wird deutlich, dass ein zügiges Absolvieren der verschiedenen Statuspassagen eine sichere Erfolgsgarantie darstellt. Frauen studieren und promovieren schneller als ihre männlichen Kollegen. Den größten Stolperstein auf dem Weg zur Professur stellen für sie die Habilitation und insbesondere der Ruf auf die Professur dar. Ob und inwiefern durch die Neuregelung der Karrierewege an Universitäten diesbezüglich Frauen der Weg in eine Dauerstellung in der Wissenschaft erleichtert wird, bleibt abzuwarten, da die Einführung der Junior-Professur nicht gleichzusetzen ist mit der Etablierung eines *Tenure Track*. Auf der Basis der vorliegenden Daten lässt sich aber mit Sicherheit sagen, dass die jüngeren Professorinnen sehr schnell und sehr zielstrebig ihren Karriereweg verfolgt haben. Wichtiges Element auf dem Weg zur Professur ist – vor allem für die jüngeren Professorinnen – inzwischen der Auslandsaufenthalt. Zumindest der Karriereweg an den deutschen Universitäten ist bereits zu einem guten Teil internationalisiert. Und hier sind die Nachwuchswissenschaftlerinnen stärker international orientiert als ihre Kollegen.

Diese sind aber immer noch in der Vorhand, wenn es darum geht, als etablierte Professoren internationale Kontakte zu halten und zu pflegen. Auch liegen die Natur- und Sozialwissenschaften in puncto Internationalität vorn, während man bei den etablierten Ingenieurwissenschaften und insbesondere der Rechtswissenschaft auch als ‚local hero' Karriere machen kann.

Kaum Unterschiede zwischen den Geschlechtern bestehen schließlich im Hinblick auf die Motivation und Entscheidung für den Karriereweg des Hochschullehrers bzw. der Hochschullehrerin. Der Wunsch, „seinen Neigungen nachzugehen" und hierbei „autonom arbeiten zu können", sind die wesentlichen Gründe, warum er und sie sich für den langen Weg zur Professur entscheiden. Dies ist ein sehr interessantes Ergebnis vor dem Hintergrund der aktuellen hochschulpolitischen Diskussion, die zur Steigerung der Effektivität am Arbeitsplatz Universität im Personalsegment der Professorenschaft vor allem auf monetäre Anreize setzt. Bei soviel Gemeinsamkeit zwischen Professoren und Professorinnen stand im Kontext unserer Untersuchung jedoch eher die Frage im Zentrum, ob und inwiefern Unterschiede bei Männern und Frauen bezüglich ihres Zugangs zum akademischen Arbeitsmarkt festzustellen sind. Hierbei sind wir von der Überlegung ausgegangen, dass eine frühe Integration über eine feste Anstellung in den Universitätsalltag ein solides Unterpfand für die akademische Karriere darstellt.

2.2.2 Differenzen: „Verdeckte Diskriminierung"?

Auch hier lassen sich die Ergebnisse der Befragung knapp auf einen Punkt bringen: Das Wissenschaftssystem der deutschen Universität zeichnet sich nach wie vor insofern durch eine „verdeckte Diskriminierung" aus, als Professorinnen auf einen weitaus unsichereren beruflichen Karriereweg zurückblicken als ihre männlichen Kollegen. Denn ohne jeden Zweifel wird der oder die junge WissenschaftlerIn am ehesten in die *Community* des Fachs sozialisiert, wenn er oder sie über eine feste Anstellung an der Universität oder an einem Forschungsinstitut verfügt. Täglicher Kontakt mit der akademischen Kultur und eine enge Zusammenarbeit mit FachkollegInnen ermöglichen eine reibungslose Sozialisierung ins Universitätsleben und eine schnelle Adaption des jeweils spezifischen akademischen Lebensstils oder Habitus. Allerdings sind auf dem Weg zur Professur noch weitere Hürden zu bewältigen. Im Gegensatz zur Geschäftswelt, in der sich NeueinsteigerInnen vor allem mit der Firmenkultur und den damit verbundenen formalen und informalen Hierarchien vertraut machen müssen, sind junge AkademikerInnen mit dem Karriereziel Wissenschaft mit mindestens zwei Herausforderungen konfrontiert: einerseits mit der Integration in die wissenschaftliche Gemeinschaft und damit der Gewinnung von Akzeptanz der ProfessorInnen der Heimatuniversität sowie andererseits mit der Integration in die nationale und zunehmend internationale *Scientific Community* der betreffenden Fachdisziplin. Zweifelsohne ist die Integration in die Heimatuniversität wesentlich leichter zu vollziehen als der Eintritt in die internationale Wissenschaftsgemeinschaft. Hierzu bedarf es in der Regel der Unterstützung eines international anerkannten Professors bzw. einer Professorin, der oder die wichtige Mentorenfunktionen übernimmt und aufgrund erworbener Reputation in der Lage ist, entsprechende Türen zu öffnen und Hilfestellung zu geben, z. B. bei der Vorbereitung einer Publikation in einem internationalen Journal. Es wird somit deutlich, dass der oder die NachwuchswissenschaftlerIn neben dem häufig fachspezifischen „Habitus" auch einen starken Mentor bzw. eine Mentorin sowie ein unterstützendes Netzwerk an „losen Bindun-

115

gen" benötigt, um sich eine solide Basis für eine professionelle und akademische Reputation aufzubauen.

Alle TeilnehmerInnen unserer Studie mussten diese Hürden überwinden. Von besonderem Interesse ist daher, ob und inwiefern Unterschiede zwischen den männlichen und weiblichen Befragten bezüglich ihrer Einbindung in den Forschungsbetrieb via universitäre Tätigkeit und Betreuung oder der Nutzung bestimmter Netzwerke bestehen. Es wird untersucht, ob eine verdeckte Diskriminierung gegenüber Frauen existiert, die es ihnen erschwert, sich in einem frühen Stadium ihrer Karriere in die wissenschaftliche Gemeinschaft zu integrieren.

Um diesen Aspekt zu beleuchten, wurden die teilnehmenden ProfessorInnen gefragt, wie sie ihre verschiedenen Karriereetappen, insbesondere die Promotion und Habilitation, finanzierten. Des Weiteren berücksichtigte die Befragung die Themen der Betreuung, die, wie bereits durch zahlreiche Studien belegt werden konnte (Lind 2004; Löther 2003), von besonderer Bedeutung für eine erfolgreiche universitäre Karriere sind. Dabei spielt auch der Aspekt der Integration in Netzwerke eine zentrale Rolle, der im Abschnitt 2.2.5.2 an späterer Stelle beleuchtet wird.

2.2.2.1 Finanzierung und Stellensituation

Wie finanzierten die heutigen ProfessorInnen ihren Karriereweg? Um diese Frage näher betrachten zu können, wurde den ProfessorInnen eine Liste von Antwortmöglichkeiten angeboten, wobei auch Mehrfachnennungen möglich waren. Die Antwortmöglichkeiten waren: Finanzierung „durch eine Anstellung an einer Universität oder einem Forschungsinstitut, die länger als drei Monate dauerte", „durch ein Stipendium", „durch eine Anstellung in der freien Wirtschaft", „durch die Unterstützung durch Eltern oder andere Familienmitglieder" oder

„durch Selbstständigkeit". Diese Frage wurde sowohl für die Zeit-
räume der Promotion und der Habilitation als auch für die Übergangsphase von der Habilitation zur ersten Professur gestellt.

Für die Promotionsphase zeigt sich, dass deutlich mehr männliche
(rund 76 %) als weibliche (rund 57 %) WissenschaftlerInnen eine feste
Anstellung an einem Forschungsinstitut oder einer Universität hatten.
Die befragten Professorinnen finanzierten die Promotion dagegen
deutlich häufiger durch ein Stipendium. Insgesamt mussten mehr
Wissenschaftlerinnen auf eine unvorteilhafte Finanzierung der Promotion durch die Eltern oder andere Angehörige zurückgreifen. Auch
finanzierten sie häufiger als ihre männlichen Kollegen ihre Promotion
über eine Anstellung in der Privatwirtschaft. Der Einstieg in den Wissenschaftsbetrieb gestaltete sich daher für eine ganze Reihe weiblicher
Professoren deutlich schwieriger als für ihre heutigen männlichen
Kollegen.

Abbildung 3: Finanzierung der Promotion

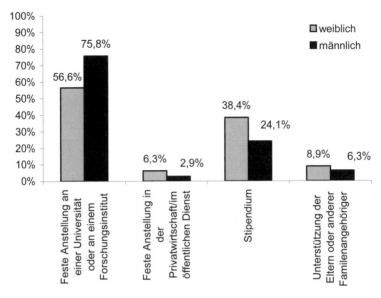

Quelle: Wissenschaftskarriere

Auch in der Phase der Habilitation werden Unterschiede deutlich, wenn auch in abgeschwächter Form. Man kann durchaus von „verdeckter Diskriminierung" sprechen, da für die heutigen Professorinnen die Chancen, die Statuspassagen des akademischen Karriereweges auf einer festen Stelle zu absolvieren, deutlich schlechter waren als für ihre heutigen Kollegen. Für die Karriereetappe „Habilitation" fällt die Differenz bei der Finanzierung durch eine Stelle an einem Institut/einer Universität mit 81 % bei den Frauen und 87 % bei den Männern zwar wesentlich geringer aus, jedoch liegt der Anteil der Frauen bei der Finanzierung durch ein Stipendium mit 26 % gegenüber 15 % bei den Männern wiederum auf höheren Niveau. Andere Finanzierungsformen spielen in dieser Phase kaum noch eine Rolle.

Tabelle 16: Finanzierung der Promotion/Habilitation durch eine feste Anstellung an einem Institut oder einer Universität, nach Geschlecht, in %[13]

Disziplin	Promotion		Habilitation	
	Geschlecht			
	m	w	m	w
BWL	96	92	92	92
VWL	74	80	93	94
Politikwissenschaft	38	50	100	78
Psychologie	77	59	100	85
Soziologie	74	55	86	72
Biologie	59	49	93	81
Physik	80	68	92	96
Mathematik	79	66	100	97
Germanistik	64	55	88	80
Geschichte	54	48	91	80
Jura	74	51	83	74
Ingenieurwissenschaften, ohne Architektur	88	47	73	50
Insgesamt	76	57	89	82

Quelle: Wissenschaftskarriere

Wendet man den Blick auf die Unterschiede zwischen den Fächern hinsichtlich der Stellensituation über die Promotion und die Habilitation hinweg, zeigen sich Differenzen zwischen Männern und Frauen. Dies betrifft vor allem die Sozialwissenschaften, findet sich weiterhin in den Rechts- und ist besonders den Ingenieurwissenschaften überdurchschnittlich stark ausgeprägt. In der letzteren Disziplin können

---

13 Anmerkung: Doppelnennungen wurden eliminiert. Berücksichtigt wurden nur Personen, die jeweils die gesamte Qualifikationsphase durch eine Stelle finanzieren konnten.

fast doppelt so viele der Männer wie Frauen auf eine feste Anstellung während der Promotion zurückblicken. Diese Disziplin ist zudem die einzige, die eine signifikante Asymmetrie hinsichtlich der Finanzierungssituation in der Phase der Habilitation beibehält. Liegt der Anteil der Festangestellten in dieser Qualifikationsphase in allen anderen Disziplinen bei über 70 %, mussten 50 % der späteren Professorinnen in den Ingenieurwissenschaften noch immer auf eine alternative Finanzierung zurückgreifen.

Die geringsten Unterschiede zwischen den Geschlechtern finden sich in den Wirtschaftswissenschaften sowie für die Promotion im Fach Geschichte und für die Habilitation im Fach Physik. Zum Teil hatten hier sogar die zukünftigen Professorinnen häufiger Zugang zu einer Stelle als die Professoren.

Der Übergang von der Habilitation zur ersten Professur steht unzweifelhaft für die unsicherste Periode einer wissenschaftlichen Karriere in Deutschland. Wieder stellt sich die Anstellung an einer Universität oder einem Forschungsinstitut als zentrale Alternative heraus. Knapp zwei Drittel der Befragten hatten in diesem Zeitraum, der durchschnittlich etwa zwei Jahre dauerte, eine Stelle an einem wissenschaftlichen Institut oder an der Universität inne. Etwa 7 % erhielten Zuwendungen durch ein Stipendium und 15 % der Frauen sowie 10 % der Männer finanzierten diese Übergangsphase aus „anderen Mitteln". Die offene Nennung ergab, dass es sich häufig um ein Patchwork verschiedener Finanzierungsquellen handelte – in vielen Fällen um eine Lehrstuhlvertretung. In einer geringen Anzahl von Fällen ergab sich ein nahtloser Übergang von der Habilitation zur ersten Professur.

Mit Blick auf die Ergebnisse der Umfrage lässt sich zusammenfassend festhalten, dass die Anstellung an einer Universität oder an einem Forschungsinstitut als sehr wichtige Basis für eine erfolgreiche akademische Karriere betrachtet werden muss. Die Unterschiede zwischen den Geschlechtern hinsichtlich des Zugangs zu diesen Stellen sind zur Zeit der Promotion am stärksten ausgeprägt. Männliche Wissenschaftler haben hier wesentlich häufiger die Chance, durch eine Anstellung an einer universitären Einrichtung oder einem Forschungsinstitut über den Berufsalltag Kontakte zu anderen WissenschaftlerInnen aufzubauen und sich dadurch sozial in das akademische Feld zu integrieren. Frauen haben daher eine vergleichsweise schlechtere Chancenstruktur, sich in einer frühen Phase ihrer wissenschaftlichen Laufbahn den spezifischen Habitus ihres Fachs anzueignen.

2.2.2.2 Einbindung in Mentoringbeziehungen

Gelten ähnliche Unterschiede auch für Mentorenbeziehungen? Im Wissenschaftsbetrieb ist die Förderung und Unterstützung durch wichtige Bezugspersonen von besonderer Relevanz. Solche Bezugspersonen können nicht nur mit Rat und Tat zur Seite stehen, wenn es darum geht, für die wissenschaftliche Laufbahn wichtige Entscheidungen zu treffen. Häufig verfügen MentorInnen auch qua Position oder Amt über eine privilegierte Stellung hinsichtlich der Verteilung zentraler Ressourcen, wie etwa Stellen, Forschungsmittel oder Beziehungen.

Mentoring-Beziehungen sind in der vorliegenden Studie hinsichtlich zweier Aspekte untersucht worden. Wir wollten wissen, ob der heutige Professor/die Professorin auf seinem/ihrem Karriereweg die Unterstützung eine Mentors oder einer Mentorin erfahren hat. Ferner wollten wir in Erfahrung bringen, ob Mentoring-Beziehungen auch außerhalb der Alma Mater bzw. der Heimatuniversität und des eigenen Instituts üblich und weit verbreitet sind.

Zunächst ist festzustellen, dass Mentoring-Beziehungen zu ProfessorInnen der Heimatuniversität wesentlich häufiger anzutreffen als zu externen BetreuerInnen. Insgesamt 73 % der befragten Frauen und 77 % der Männer gaben an, im Laufe ihrer Karriere durch einen Lehrstuhlinhaber gefördert worden zu sein. Unter den Professorinnen wurden 64 % von einem Professor und 9 % von einer Professorin gefördert. Bei den männlichen Befragten wurden 73 % von einem männlichen Lehrstuhlinhaber und 4 % von einer weiblichen Lehrstuhlinhaberin gefördert.

Eine Betrachtung der Mentoring-Beziehungen von ProfessorInnen nach Fächern erlaubt Rückschlüsse über den kulturellen Handlungsspielraum in den jeweiligen Disziplinen. Eine liberale akademische Kultur zeigt sich u. a. in der selbstverständlichen Öffnung von Mentoring-Beziehungen gegenüber weiblichen Nachwuchswissenschaftlern. Vor allem in der BWL, mit deutlichen Abstrichen auch in der VWL, kann der größte Teil der ProfessorInnen auf Unterstützungsleistungen durch einen weiblichen oder männlichen Lehrstuhlinhaber zurückblicken. In der Mathematik geben sogar mehr Frauen (74 %) als Männer (66 %) an, durch Lehrstuhlinhaber gefördert worden zu sein. Auffällig sind die Ergebnisse für die Geschichtswissenschaften, die gerade in Deutschland eher zu den Disziplinen mit einem traditionellen Selbstverständnis gehören, aber dennoch ausgewogene Angaben bezüglich der Förderung von Frauen (77 %) und Männern (75 %) aufweisen. Zu den größten Differenzen zwischen den Angaben der Männer gegenüber denen der Frauen kommt es in den Sozial- (74 % versus 55 %) und den Ingenieurwissenschaften (69 % versus 42 %). In diesen Fächern haben die Frauen einen schwierigeren Stand bezüglich Mentoring-Beziehungen als die Männer.

Wichtige Unterstützung ging auch von ProfessorInnen anderer Institute aus. Jeweils etwa 40 % der befragten Männer und Frauen gaben an, von einem Professor außerhalb des eigenen Institutes gefördert worden zu sein. 14 % der Professorinnen, aber nur 6 % der Professoren gaben an, von einer externen Professorin unterstützt worden zu sein.

Tabelle 17: Anzahl der Hilfestellungen von einem/r Kollegen/in nach Abschluss der Promotion, in %

Unterstützungsleistung	Geschlecht des/der Befragten	
	w	m
... beim Erhalt eines Stipendiums	33,5	18,8
... um ins Ausland zu gehen	39,8	32,2
... beim Schreiben/Publizieren von Artikeln/Büchern	23,8	25,2
... beim Erhalt einer Stelle	52,3	32,1

Quelle: Wissenschaftskarriere

Tendenziell lässt sich beobachten, dass Professorinnen häufiger angeben, von Frauen gefördert worden zu sein, als ihre Kollegen, während diese dafür insgesamt etwas häufiger angeben, überhaupt gefördert worden zu sein. Obwohl die männlichen Befragten nach eigener Aussage mehr Unterstützung durch Mentoring erhalten haben als ihre Kolleginnen, erfährt diese Hilfeleistung auf dem Weg zur Professur von den befragten Frauen offenbar eine höhere Wertschätzung. Als nämlich in einem zweiten Schritt nach der Unterstützung durch Mentoren bei konkreten Ereignissen gefragt wurde, gaben deutlich mehr Frauen die Unterstützung eines Mentors an als Männer. Dies gilt sowohl für die Hilfe beim Erhalt einer Stelle, bei der Einwerbung eines Stipendiums als auch für die Unterstützung für einen Auslandsaufenthalt. Keine Unterschiede zwischen weiblichen und männlichen

Professoren lassen sich lediglich bezüglich der erhaltenen Hilfestellung von MentorInnen beim Publizieren von Artikeln oder Verfassen von Büchern feststellen.

Offensichtlich erinnern sich die heutigen Professorinnen noch recht genau an die Unterstützung und Hilfe seitens erfahrener Kollegen und Kolleginnen auf dem Weg zur Professur. Obwohl Frauen also etwas seltener angeben, gefördert worden zu sein, geben sie in deutlich höherem Maße an, Unterstützung bei zentralen Ereignissen ihres beruflichen Werdeganges erhalten zu haben. Eine mögliche Interpretation, die hier nicht überprüft werden kann, würde lauten, dass Männer dazu neigen, Erfolgserlebnisse in ihrer Karriere eher als Resultat ihrer eigenen Leistungen zu interpretieren, während Frauen in ihrem Attributionsverhalten stärker Bezug auf ihr Umfeld nehmen.

Dieses Bild zeigt sich auch, wenn die Unterstützung aus dem privaten Umfeld in den Blick genommen wird. 41 % der befragten Frauen, aber nur 31 % der befragten Männer gaben an, vom eigenen Partner bzw. der Partnerin unterstützt und gefördert worden zu sein, und über ein Drittel der Professorinnen, aber nur etwa 21 % der Professoren erwähnten die Unterstützung durch Familienmitglieder und Freunde.

2.2.2.3 Im Fokus: Auf dem Weg zur Professur

Welches Bild ergibt sich abschließend für die Zugangswege zur Professur in Deutschland? Der oder die typische deutsche ProfessorIn stammt aus einem Elternhaus mit einem weit überdurchschnittlichen Bildungsniveau, wobei im Elternhaus der befragten Frauen neben dem Bildungsniveau des Vaters auch das der Mutter häufig besonders hoch war. Obwohl ein gehobenes Bildungsniveau der Eltern den Zugang zur Universitätskarriere erleichtert, ist es für Männer dennoch einfacher, auch dann eine Professur zu erlangen, wenn deren Eltern nicht das Abitur besaßen.

Deutsche ProfessorInnen weisen unabhängig vom Geschlecht recht einheitliche Motive für das Ergreifen des Berufes auf. Auch ihre Karrierewege sind stark homogenisiert, was Ablauf, Dauer und die Wahrnehmung von Auslandsaufenthalten angeht. Allerdings setzte lange Zeit für die weiblichen Wissenschaftlerinnen nach einer schnellen Promotionsphase eine Verzögerung des Karriereverlaufes ein, die sich bis zur Professur fortsetzte. Diese Verzögerung findet sich jedoch bei den jüngeren Generationen nicht mehr.

Neben diesen recht einheitlichen Aspekten zeigen sich jedoch auch Differenzen zwischen den Geschlechtern. Deutliche Unterschiede bestehen in der Karrierefinanzierung und der Stellensituation. Besonders in den Sozialwissenschaften, in den Rechts- und den Ingenieurwissenschaften haben Männer deutlich bessere Chancen auf eine Festanstellung an einem Forschungsinstitut oder einer Universität während der Promotions- und zum Teil auch der Habilitationsphase. Damit können sie leichter Kontakte zu anderen WissenschaftlerInnen aufbauen und sich in das akademische Feld integrieren.

Schließlich geben Männer auch häufiger an, Unterstützung durch MentorInnen erhalten zu haben. Obwohl Frauen seltener angaben, gefördert worden zu sein, verweisen sie aber in deutlich größerem Maße darauf, Unterstützung bei zentralen Ereignissen ihres beruflichen Werdeganges erhalten zu haben.

Es lässt sich demnach festhalten, dass zwischen den befragten Frauen und Männern in der Eingangsphase in den Beruf keine auffälligen Unterschiede hinsichtlich der Motive und der Qualifikationen, aber bereits deutliche Unterschiede in der Einbindung durch den Zugang zu Stellen und auch in der Unterstützung durch MentorInnen bestehen. Welche Folgen diese unterschiedliche Ausgangssituation für den

Berufsalltag und die Performanz der WissenschaftlerInnen hat, ist Thema des nächsten Abschnitts.

2.2.3 Arbeitsalltag an der Universität in Kennzahlen

Der folgende Abschnitt beschäftigt sich mit Kennzahlen zum Arbeitsalltag an der Universität, speziell mit dem Forschungsoutput und der Mobilität der Professorinnen und Professoren und ihrer Drittmitteleinwerbung. In der aktuellen Diskussion zu den Perspektiven und Potentialen der bundesdeutschen Hochschulen kommt dem wissenschaftlichen Output der ProfessorInnen eine zentrale Bedeutung zu. Gemessen wird die Leistung des wissenschaftlichen Personals vor allem an der Quantität und – falls Vergleichsparameter verfügbar sind – auch an der Qualität der Publikationen. Einen weiteren Indikator, der mit der Publikationsaktivität eng verbunden ist, stellen Umfang und Häufigkeit der Drittmittelakquise durch die ProfessorInnen dar.

Angesichts der Tatsache, dass es sich bei den meistgelesenen bzw. den am häufigsten zitierten wissenschaftlichen Fachzeitschriften in der Regel um englischsprachige Publikationen handelt, kann ein enger Zusammenhang zwischen wissenschaftlichem Erfolg im Sinne der Publikationshäufigkeit und der Einbindung in die nationale und internationale wissenschaftliche *Community* angenommen werden. Zunächst wird daher die Mobilität der befragten ProfessorInnen näher betrachtet. Es wird dabei angenommen, dass ein höheres Maß an Mobilität auf nationaler und internationaler Ebene unter den Bedingungen einer globalen *Scientific Community* auch einen größeren Erfolg in der Drittmittelakquise und der Platzierung von Publikationen ermöglicht. Wissenschaftliche Produktivität kann durch die Möglichkeit, den wissenschaftlichen Fokus zu wechseln sowie mit neuen Kollegen und Kolleginnen zusammenzuarbeiten, befördert werden. Im Zentrum der folgenden Ausführungen steht daher die Fragestellung: Gibt es Unterschiede zwischen weiblichen und männlichen Professoren hinsichtlich Mobilität, Publikationstätigkeit und Drittmittelakquisition?

2.2.3.1 Bodenständige Professorenschaft

Wie gestaltet sich die Mobilität der Befragten, wenn das Karriereziel Professur erreicht ist? Wie bereits in Abschnitt 2.2.1.3 dargestellt, nimmt nach den Ergebnissen unserer Befragung die Zahl der Auslandsaufenthalte unter deutschen WissenschaftlerInnen nach der Habilitation stark ab. Waren insgesamt etwa 60 % der Befragten ohne Unterschied des Geschlechts zu irgendeinem Zeitpunkt im Ausland, so unternahmen nur 17 % der Befragten, d. h. nicht einmal jede(r) fünfte befragte Professor oder Professorin, in den letzten fünf Jahren einen Auslandsaufenthalt von mehr als drei Monaten.

Tabelle 18: Auslandsaufenthalte nach Disziplin innerhalb der letzten fünf Jahre, in %

Disziplin	Ein oder mehrere Auslandsaufenthalte
Geisteswissenschaften	24,0
Sozialwissenschaften	24,7
Rechtswissenschaften	18,5
Wirtschaftswissenschaften	6,8
Naturwissenschaften	20,2
Ingenieurwissenschaften, ohne Architektur	11,2
Insgesamt	17,2

Quelle: Wissenschaftskarriere

Hinsichtlich der Auslandsorientierung lassen sich klare Unterschiede zwischen den Disziplinen festhalten. Besonders häufig gingen in den letzten fünf Jahren die befragten Geistes- und Sozialwissenschaftler ins Ausland, während die Mobilität der Wirtschaftswissenschaftler besonders gering war. Die aktuelle hochschulpolitische Diskussion zur mangelnden internationalen Orientierung und Einbindung sollte daher möglichst fachbezogen und weniger pauschal geführt werden. Interessanterweise sind gerade VertreterInnen jener Fächergruppen in geringerem Maße international orientiert, die in vielen großen Universitäten maßgeblichen Einfluss auf die Zielsetzung und das Profil der Universität nehmen.

Fachspezifisch zeigen sich ferner Unterschiede hinsichtlich der Finanzierung des Auslandsaufenthaltes. Während NaturwissenschaftlerInnen zu etwa gleichen Teilen auf in- und ausländische Fördertöpfe zurückgreifen, werden die Auslandsaufenthalte der Sozial- und GeisteswissenschaftlerInnen öfter durch deutsche Förderorganisationen ermöglicht. Bemerkenswert ist, dass die WirtschaftswissenschaftlerInnen, gemäß unseren Ergebnissen und gemessen sowohl an Auslandsaufenthalten als auch an den Finanziers, nur in sehr geringem Umfang in die internationale *Scientific Community* eingebunden sind.

Tabelle 19: Anteil von Personen an allen Befragten aus der Fachgruppe mit mindestens einem Auslandsaufenthalt in der Karriere, nach Hauptförderern, in %

	Ausländischer Hauptförderer	Nationaler Hauptförderer	Internationaler Hauptförderer
Naturwissenschaften	11,5	11,7	4,4
Geisteswissenschaften	10,7	14,7	0,7
Sozialwissenschaften	10,7	15,8	6,6
Rechtswissenschaften	5,9	9,5	6,2
Wirtschaftswissenschaften	2,3	6,8	4,4
Ingenieurwissenschaften, ohne Architektur	3,7	3,7	3,7

Quelle: Wissenschaftskarriere

Bezogen auf die Ausgangsfrage, ob und inwiefern sich Unterschiede zwischen Professoren und Professorinnen im Hinblick auf die Zahl von Auslandsaufenthalten feststellen lassen, zeigen sich vor allem fachspezifische Differenzen. So sind die Sozialwissenschaftlerinnen ebenso auslandsorientiert wir ihre männlichen Kollegen. Demgegenüber waren in den Rechtswissenschaften doppelt so viele Professoren (19,3 %) wie Professorinnen (7,7 %) in den letzten fünf Jahren mindestens einmal im Ausland. Auch in den Wirtschafts- (7 % der Männer versus 4 % der Frauen) und Geisteswissenschaften (25,2 % der Männer versus 17 % der Frauen) zeigen sich Unterschiede zwischen männlichen und weiblichen Professoren. Am auffälligsten sind die Unterschiede jedoch in den Ingenieurwissenschaften: Von den Ingenieuren waren 11,5 % bereits im Ausland, ihre weiblichen Kollegen verfügten dagegen über gar keine Auslandserfahrungen.

Die geringe internationale Mobilität nach Erhalt der Professur entspricht auch den Befunden für den Stellenwechsel im nationalen Kontext. De facto ist der Professorenberuf in Deutschland in hohem Maße durch Immobilität gekennzeichnet. Fast ein Viertel der Befragten gab an, bereits mehr als 20 Jahre an der gleichen Universität beschäftigt zu sein, weitere 17 % waren schon mehr als zehn Jahre dort tätig. Die Zahlen spiegeln zum einen die deutliche Überalterung der Professorenschaft an deutschen Universitäten wider (vgl. exemplarisch für die Politikwissenschaft Arendes 2005: 197), gleichzeitig sind sie aber auch ein Indikator für hohe Stellenkonstanz. 81 % der Befragten hatten seit ihrer ersten Professur nur eine oder zwei Stellen inne und nur 10 % blickten auf mehr als drei Stellen seit dem ersten Ruf zurück. Hinsichtlich der nationalen Mobilität gibt es zudem nur geringe Unterschiede zwischen den Geschlechtern, mit einer Tendenz zu mehr Mobilität unter den befragten Frauen. So sind 33 % der Frauen, aber 40 % der Männer bereits mehr als zehn Jahre an ihrer jetzigen Universität tätig. Allerdings ist hier zu berücksichtigen, dass der Frauenanteil an der Professorenschaft erst im vergangenen Jahrzehnt deutlich zugenommen hat, was zu einer geringeren Verweildauer der Frauen führen muss.

Insgesamt unterscheidet sich die durchschnittliche Anstellungsdauer aber stärker zwischen den Disziplinen als zwischen den Geschlechtern. So verbleiben die Ingenieur-, Natur- und Sozialwissenschaftler scheinbar am längsten an einer Universität, während die Rechtswissenschaftler besonders mobil sind.

Tabelle 20: Durchschnittliche Anstellungsdauer an der derzeitigen Universität, nach Disziplinen

Disziplin	Anstellungsdauer in Jahren
Geisteswissenschaften	11,92
Sozialwissenschaften	12,75
Rechtswissenschaften	6,99
Wirtschaftswissenschaften	8,66
Naturwissenschaften	12,9
Ingenieurwissenschaften, ohne Architektur	13,41
Insgesamt	11,86

Quelle: Wissenschaftskarriere

Es lässt sich zusammenfassend festhalten, dass der Verbleib an der Universität der Erstberufung in Deutschland eher die Regel als die Ausnahme darstellt. Diese Immobilität wird in den nächsten Jahren eher noch zunehmen, da durch die Einführung der veränderten Besoldungsstrukturen, die eine Absenkung der Grundgehälter und eine Kürzung der Rentenbezüge beinhaltet, ein Stellenwechsel für die nach dem „alten" Besoldungsschlüssel (C-Gehaltsstufen) bezahlten ProfessorInnen in der Regel mit Verdiensteinbußen einhergehen wird.

2.2.3.2 Publikationstätigkeit

Publikationen sind ein wichtiger Indikator für die Performanz bzw. den wissenschaftlichen Output eines Professors oder einer Professorin. Während Engagement in der Lehre an deutschen Universitäten bisher nur selten gewürdigt wird, wächst mit der Anzahl der Publikationen die Reputation eines Professors bzw. einer Professorin. Vor allem in den Naturwissenschaften wird die wissenschaftliche Relevanz einer Veröffentlichung am *Impact Factor* des Mediums, in dem publiziert wurde, festgemacht. Dieser *Impact Factor* wird danach berechnet, wie häufig eine bestimmte Zeitschrift als Referenz herangezogen wird. Viel gelesene Zeitschriften, aus denen auch viel zitiert wird, haben einen höheren *Impact Factor* als geringer rezipierte Medien. In der Regel verfügen ausländische Journals – d. h. mehrheitlich englischsprachige Veröffentlichungen – infolge der deutlich größeren Leserschaft und Verbreitung über einen höheren *Impact Factor* als inländische Zeitschriften. Entsprechendes gilt auch für englischsprachige Buchveröffentlichungen, wobei die großen Universitätsverlage, wie etwa Oxford oder Harvard University Press, aufgrund ihrer rigiden Akzeptanzpolitik gegenüber Buchmanuskripten hinsichtlich der Reputation hoch auf der Rangskala stehen. Im Gegensatz dazu nehmen deutsche Verlage häufig ohne jegliche Vorprüfung bei Übernahme der Druckkosten jedes Manuskript zur Veröffentlichung an und gelten als weniger prestigeträchtig.

Man kann daher zwischen einem eher internationalen „Markt" wissenschaftlicher Publikationen und einem vorrangig auf die deutsche Fachöffentlichkeit bezogenen Markt unterscheiden. Schließlich existiert zusätzlich eine Publikationstätigkeit, die auf eine Leserschaft zwischen Wissenschaft und allgemeiner Öffentlichkeit zielt. Hier werden solche Beiträge und Publikationen platziert, die der weiteren

Verbreitung wissenschaftlicher Erkenntnisse dienen. Eine derartige Publikationstätigkeit hat in der Regel vor allem einen Zuwachs an Bekanntheit zur Folge. Der wissenschaftliche Autor bzw. die Autorin wird als Persönlichkeit des öffentlichen Lebens wahrgenommen und verfügt insofern über Einflussmöglichkeiten jenseits der Universität. Einladungen zu Talk-Shows im Fernsehen oder das Angebot, in einer Wochenzeitschrift mit hoher Auflage eine Kolumne zu übernehmen, können die Folge sein.

Nehmen wir zunächst den „nationalen Markt" der Zeitschriften- und Buchveröffentlichungen in den Blick. Gefragt wurde, ob in den letzten zwei Jahren ein Fachbuch herausgegeben, ein wissenschaftlicher Beitrag in einer Fachzeitschrift oder einer Zeitschrift mit nichtwissenschaftlichem Rezipientenkreis publiziert wurde.

Tabelle 21: Anzahl der Publikationen im Inland (Fachbuch, Artikel, Zeitung, Magazin) in den vergangenen zwei Jahren, nach Disziplin und Geschlecht

Disziplin	Geschlecht	Anteil derer, die mindestens einmal publizierten	Durchschnittliche Anzahl von Publikationen derer, die publiziert haben
Geisteswissenschaften	m	96 %	11,2
	w	97 %	8,9
Sozialwissenschaften	m	98 %	11,8
	w	97 %	8,8
Rechtswissenschaften	m	100 %	14,9
	w	100 %	9,9
Wirtschaftswissenschaften	m	83 %	10,6
	w	89 %	11,2
Naturwissenschaften	m	65 %	7,2
	w	64 %	7,1
Ingenieurwissenschaften, ohne Architektur	m	86 %	8,4
	w	59 %	12,3

Quelle: Wissenschaftskarriere

Anhand der Ergebnisse lässt sich eine aktive Publikationstätigkeit der ProfessorInnen festhalten. Die Anzahl der WissenschaftlerInnen, die in den vergangenen zwei Jahren weder ein Buch herausgegeben noch einen Artikel in einer Fachzeitschrift oder einen Beitrag in einer, ein breites Publikum adressierenden Zeitschrift veröffentlicht haben, liegt je nach Disziplin zwischen Null und etwa einem Drittel. Besonders publikationsaktiv im Inland sind gemessen an der Anzahl der Veröffentlichungen die männlichen Rechtswissenschaftler. Auffällig hoch ist der Anteil der ProfessorInnen, die gar nicht im Inland veröffentlicht haben, in den Naturwissenschaften und unter den weiblichen

Ingenieuren. Die Unterschiede zwischen den Geschlechtern fallen, mit Ausnahme der Ingenieurwissenschaften, nur sehr gering aus. Insgesamt gibt es über die Fächer hinweg eine Gruppe von etwa 14 %, die in den letzten zwei Jahren gar nicht im Inland publiziert hat. Hier herrschen kaum Unterschiede zwischen Männern (15,7 %) und Frauen (13,6 %).

Betrachtet man jedoch die durchschnittliche Anzahl der Publikationen, lässt sich offenbar neben dieser publikationsinaktiven Gruppe eine publizistisch sehr aktive Anzahl von ProfessorInnen abgrenzen, die sich durch häufige Publikationstätigkeit im Inland auszeichnet. So haben die weiblichen Ingenieure, die den geringsten Anteil an publikationsaktiven Personen aufweisen, gleichzeitig nach den männlichen Rechtswissenschaftlern die höchste durchschnittliche Anzahl an Publikationen. Die Gruppe, die hier die Ergebnisse ihrer wissenschaftlichen Arbeit veröffentlicht, ist folglich äußerst aktiv. Fachspezifisch lassen sich ferner Unterschiede hinsichtlich des Mediums erkennen. Während Rechts- und Sozialwissenschaftler insbesondere dazu neigen, Anthologien bzw. Sammelbände zu einem spezifischen Thema zu veröffentlichen, sind Geisteswissenschaftler in Zeitschriften, die auch die allgemeine Öffentlichkeit adressieren, besonders präsent.

Tabelle 22: Wissenschaftliche Publikationen im Ausland (Fachbuch oder Fachzeitschrift), nach Disziplin und Geschlecht, in %

Disziplin	Geschlecht	Anteil derer, die mind. einmal publiziert haben	Durchschnittliche Anzahl von Publikationen derer, die publiziert haben
Geisteswissenschaften	m	54 %	3,5
	w	57 %	4,4
Sozialwissenschaften	m	75 %	5,2
	w	64 %	4,1
Rechtswissenschaften	m	48 %	4,3
	w	40 %	2,8
Wirtschaftswissenschaften	m	73 %	6,0
	w	53 %	3,2
Naturwissenschaften	m	90 %	10,0
	w	81 %	11,5
Ingenieurwissenschaften, ohne Architekten	m	76 %	9,5
	w	51 %	8,1

Quelle: Wissenschaftskarriere

Betrachtet man in einem zweiten Schritt die Publikationen in internationalen Fachzeitschriften, so fällt die geringere Publikationstätigkeit der befragten Frauen ins Auge. Insgesamt publizierten 40 % der Professorinnen im Unterschied zu 24 % ihrer männlichen Kollegen in den letzten zwei Jahren gar nicht in einem ausländischen Medium.

Deutlich zeigen sich wieder Unterschiede zwischen den Fächergruppen. Die NaturwissenschaftlerInnen, welche fast gar nicht im Inland publizierten, veröffentlichten dafür mit deutlichem Vorsprung in den letzten zwei Jahren zu etwa 90 % im Ausland. Die Publikation eines Artikels im Ausland war am häufigsten in der Physik, wo 71 % der Befragten in den vorausgehenden zwei Jahren mehr als sechs Artikel in einem Fachbuch oder einer Fachzeitschrift publizierten. Im Gegensatz dazu veröffentlichte unter den Geistes- und RechtswissenschaftlerInnen etwa die Hälfte der Befragten gar nicht im Ausland.

Ausgeprägte Differenzen zwischen den Geschlechtern finden sich vor allem in den Wirtschafts-, den Ingenieur- und den Naturwissenschaften. Die befragten Professoren wiesen hier eine deutlich intensivere Publikationstätigkeit auf. Die weiblichen Professoren hatten jeweils etwa doppelt so häufig wie die Männer gar keine Auslandspublikationen vorweisen können. Allerdings schlägt sich auch dies unter denen, die mindestens eine Veröffentlichung hatten, nicht immer in einer geringeren Anzahl durchschnittlicher Publikationen nieder, wie das Beispiel der Naturwissenschaften zeigt. Die Frauen, welche im Ausland publizierten, waren quantitativ sogar aktiver als ihre männlichen Kollegen. In den Wirtschafts- und Ingenieurwissenschaften ist dies allerdings nicht der Fall. Hier publizieren nicht nur weniger Frauen überhaupt, sondern die publikationsaktiven Frauen hatten auch insgesamt weniger Veröffentlichungen.

Somit lässt sich festhalten, dass, gemessen an der Publikationsaktivität in deutschsprachigen Medien, kaum Unterschiede zwischen Professoren und Professorinnen festzustellen sind. Betrachtet man jedoch die Publikationshäufigkeit in internationalen Medien, so zeigt sich eine geringere Publikationsaktivität der Professorinnen. Dies könnte möglicherweise mit der geringeren Einbindung von Professorinnen in die internationalen Netzwerke der *Scientific Community* zusammenhängen, wie sie sich schon durch die im Vergleich zu den Männern geringere Mobilität nach Erlangung der Professur andeutete (vgl. *Tabelle 18*). Ein weiterer Grund könnte darin bestehen, dass Professorinnen weniger Zugang zu Drittmittelprojekten haben, da sie in geringerem Maße in Drittmittel finanzierte Forschungskooperationen und Forschungsverbünde eingebunden sind als Professoren.

2.2.3.3 Projektförderung

Mit Ausnahme der Geistes- und Rechtswissenschaften ist Publikationstätigkeit in hohem Maße abhängig von projektbezogener Forschungstätigkeit. Ob und in welchem Umfang publiziert wird, ist daher auch Ausdruck einer aktiven empirischen Forschungstätigkeit, die in der Regel über so genannte „Drittmittel" – meist projektbezogene Forschungsmittel – finanziert wird. Noch sind die deutschen Universitäten dem humboldtschen Grundsatz der Einheit von Forschung und Lehre verpflichtet, insofern genießt aktive Forschungstätigkeit eine hohe Reputation in der *Scientific Community*. Uns interessierte im Rahmen der Untersuchung insbesondere, ob sich zwischen männlichen und weiblichen Wissenschaftlern Unterschiede hinsichtlich der Einwerbung von Forschungsgeldern feststellen lassen. Daher wurde nicht nur erfragt, ob und wie viele Projekte in den vergangenen fünf Jahren durchgeführt wurden, sondern auch, aus welchen Quellen diese Projekte finanziert wurden.

Insgesamt zählen die VWL, die Politikwissenschaft sowie die Geisteswissenschaften zu den Fächergruppen mit geringer Projektfinanzierung. Die dichteste Förderung ist in den Naturwissenschaften und den Ingenieurwissenschaften anzutreffen. In der Naturwissenschaft werden vor allem Biologie und Physik gefördert, in den Sozialwissenschaften ist es die Psychologie.

Bezogen auf die Ausgangsfrage wurde speziell betrachtet, ob Professoren in stärkerem Maße Forschungsförderung erhielten als Professorinnen. Auf den ersten Blick ist eine starke Segregation der Forschungsförderung nach Geschlecht nicht erkennbar: Der Anteil derer, die mindestens einmal gefördert wurden, ist unter Professorinnen (79,3 %) fast genauso hoch wie unter den Professoren (83 %). Anders sieht es aber aus, wenn man die Anzahl der Projekte pro Person betrachtet. Professoren warben häufiger sechs oder mehr Projekte ein, während Professorinnen eher ein oder zwei Projekte finanziert bekamen.

Tabelle 23: Anzahl geförderter Projekte, nach Geschlecht, in %

Anzahl geförderter Projekte	Frauen	Männer
Kein Projekt	20,7	17,0
1 bis 2 Projekte	26,9	15,2
3 bis 5 Projekte	27,4	32,0
6 bis 10 Projekte	17,0	29,8
11 bis 15 Projekte	5,7	5,1
Mehr als 15 Projekte	2,4	1,0

Quelle: Wissenschaftskarriere

Betrachtet man zusätzlich die Förderquelle, zeigen sich weitere Differenzen. *Tabelle 24* gibt einen Überblick über die durchschnittliche Anzahl geförderter Projekte für *alle* Befragten, also nicht nur die durchschnittliche Anzahl von Projekten der geförderten Personen. Es zeigt sich, dass insgesamt die durchschnittliche Anzahl von Projekten aller Personen bei den Frauen in Bezug auf Universität, staatliche Institutionen, nationale Forschungsfonds und die Privatwirtschaft geringer ist als die durchschnittliche Anzahl von Projekten aller Männer. Im Klartext: Im Vergleich zu ihren Kolleginnen haben Professoren eher Zugang zu Fördereinrichtungen und Forschungsfinanzierung, was sich deutlich an ihrer erfolgreicheren Einwerbung von Fördermitteln ablesen lässt.

Tabelle 24: Durchschnittliche Anzahl geförderter Projekte für alle befragten Frauen bzw. Männer, nach Förderinstitution und Geschlecht

	Frauen	Männer
Universität	0,8	1,1
Staatliche Institution	1,0	1,1
Andere Bildungs- u. Forschungsein-richtungen	0,7	0,5
Nationale Forschungsfonds	0,7	1,0
Privatwirtschaft	0,6	0,9
Private Stiftungen	0,3	0,3
Internationale Organisation	0,3	0,3

Quelle: Wissenschaftskarriere

Tabelle 25 macht diesen Sachverhalt nochmals deutlich. Differenziert nach Empfängern der Fördermittel (Männer und Frauen), finden sich hier Angaben zum einen über den Anteil der ProfessorInnen, die überhaupt Förderung erhalten haben, sowie zum anderen über die Anzahl der finanzierten Projekte in der Gruppe dieser Geförderten.[14]

Hier wird deutlich: Im Vergleich zu ihren Kollegen sind Professorinnen deutlich weniger erfolgreich bei der Einwerbung von Drittmitteln von der Industrie sowie vom nationalen Forschungsfonds. Eine wesentlich kleinere Gruppe der Frauen als der Männer gab an, aus diesen Quellen jemals Unterstützung bekommen zu haben. Im Gegensatz dazu hatten weniger Professoren jemals Förderung durch Bund, Land oder Kommune sowie durch Bildungs-/Forschungseinrichtungen erhalten. Betrachtet man die Anzahl der Projekte, so gilt die universitäre Förderung sowie die internationaler

---

14 Die durchschnittliche Anzahl geförderter Projekte ist daher höher als die durchschnittliche Anzahl geförderter Projekte in *Tabelle 24*.

Organisationen vor allem Professoren, während Professorinnen eher bei den Bildungseinrichtungen reüssieren.

Tabelle 25: Projektförderung nach Förderinstitution und Geschlecht

Förderinstitution	Geschlecht	Anteil von Personen, die mindestens einmal gefördert wurden	Durchschnittliche Anzahl von finanzierten Projekten unter diesen Personen
Universität	m	39,7 %	2,3
	w	39,3 %	1,7
Bund, Landesregierung oder Kommune	m	39,5 %	2,3
	w	45,5 %	2,3
Bildungs- oder Forschungseinrichtung	m	22,3 %	2,0
	w	32,6 %	2,2
Nationaler Forschungsfonds	m	46,8 %	2,1
	w	34,5 %	2,2
Privatwirtschaft	m	36,8 %	2,3
	w	24,6 %	2,5
Private Stiftungen	m	17,1 %	1,5
	w	18,0 %	1,6
Internationale Organisation	m	19,5 %	1,8
	w	21,2 %	1,6

Quelle: Wissenschaftskarriere

Wie steht es generell um die Forschungsförderung durch die eigene Universität? Bekanntlich bemühen sich Frauenbeauftragte und Gender-Mainstreaming-Programme an deutschen Universitäten bereits seit Jahrzehnten um die Verbesserung der wissenschaftlichen Infrastruktur der weiblichen Professorenschaft.

Tabelle 26: Förderung durch die Universität, nach Disziplin und Geschlecht

Disziplin	Geschlecht	Anteil von Personen, die mindestens einmal gefördert wurden	Durchschnittliche Anzahl von finanzierten Projekten unter diesen Personen
Geisteswissen-schaften	m	29 %	1,5
	w	31 %	2,0
Sozialwissen-schaften	m	37 %	1,7
	w	43 %	1,8
Rechtswissen-schaften	m	30 %	1,4
	w	21 %	2,0
Wirtschaftswissen-schaften	m	31 %	3,6
	w	34 %	1,4
Naturwissen-schaften	m	37 %	2,3
	w	40 %	1,8
Ingenieurwissen-schaften	m	34 %	2,4
	w	20 %	1,3

Quelle: Wissenschaftskarriere

Ist der Zugriff auf inneruniversitäre Fördermittel vor allem ein Indikator für erfolgreiches *Inhouse-Lobbying*? Nach den Ergebnissen der Befragung werden vor allem die Wirtschafts- und Naturwissenschaften (darunter vor allem Physik) durch die eigene Universität gefördert. Damit erhalten besonders diejenigen Fächer eine binnenuniversitäre Förderung, in denen sehr wenige Professorinnen anzutreffen sind. Die Anteile der Geförderten unter Männern und Frauen entsprechen sich in diesen Fächern ungefähr. Allerdings zeigt sich auch, dass gerade in den Wirtschaftswissenschaften, aber auch in den Natur- und Ingenieurwissenschaften die Professorinnen im Durchschnitt deutlich *weniger Projekte* durch die eigene Universität finanziert bekamen als ihre männlichen Kollegen.[15] Die Fördergelder kommen hier also besonders selten bei den befragten Frauen und besonders häufig bei den Männern an. In den Geistes- und Rechtswissenschaften wurden die Frauen dagegen etwas häufiger gefördert als die Männer.

Bei der Finanzierung durch die nationalen Forschungsfonds, wie etwa die DFG, erhielten in allen Disziplinen Frauen seltener überhaupt eine Förderung. Ohne dass hier ein Zusammenhang gezeigt werden kann, ist darauf hinzuweisen, dass etwa bei der DFG in einer ganzen Reihe von Fachgutachterausschüssen, die für die Vergabe der Förderung verantwortlich sind, keine Professorinnen vertreten sind. In die Ausschüsse werden die WissenschaftlerInnen auf Vorschlag der disziplinären Fachvereinigungen gewählt. Bei der Anzahl geförderter Projekte unter den Geförderten gibt es nur geringe Unterschiede. Bemerkenswert ist jedoch der deutliche Unterschied hinsichtlich der Förderintensität bzw. des Anteils der Personen, die mindestens einmal gefördert wurden, in den Sozial-, Wirtschafts- und Rechtswissenschaften. In diesen Fächergruppen lag der Anteil der geförderten Professoren jeweils deutlich über dem der Professorinnen.

---

15 Vgl. die Spalte „durchschnittliche Anzahl von finanzierten Projekten".

Tabelle 27: Projektförderung durch nationale Forschungsfonds, nach Disziplin und Geschlecht

Disziplin	Geschlecht	Anteil von Personen, die mindestens einmal gefördert wurden	Durchschnittliche Anzahl von finanzierten Projekten unter diesen Personen
Geisteswissenschaften	m	34 %	1,6
	w	30 %	1,5
Sozialwissenschaften	m	48 %	1,8
	w	29 %	2,0
Rechtswissenschaften	m	20 %	1,5
	w	8 %	1,3
Wirtschaftswissenschaften	m	38 %	1,6
	w	10 %	1,8
Naturwissenschaften	m	57 %	2,6
	w	49 %	2,3
Ingenieurwissenschaften, ohne Architektur	m	46 %	1,8
	w	47 %	3,4

Quelle: Wissenschaftskarriere

Wie stark Forschung in Deutschland als eine Angelegenheit des Staates zu betrachten ist, zeigt sich in der folgenden Tabelle. Nur ein sehr geringer Anteil der befragten ProfessorInnen hat Zugang zu privater Forschungsfinanzierung. Der Spitzenreiter bei der Förderung durch die Privatwirtschaft sind die Ingenieurwissenschaften, mit großem Abstand gefolgt von der BWL, der Psychologie und der Biologie. Allerdings ist der Anteil der Personen, die gar nicht gefördert wurden, unter den weiblichen Ingenieuren fast doppelt so hoch wie unter den männlichen. Insgesamt entfallen insgesamt auf die Frauen weniger privatwirtschaftlich geförderte Projekte. Frauen die gefördert wurden, hatten aber wiederum in vielen Disziplinen mehr Projekte als die

Männer. Neben den Ingenieurwissenschaften sind die Unterschiede wieder besonders auffällig in den Sozial- und Rechtswissenschaften. Der Anteil der Professoren, die in den Genuss einer Förderung durch die Privatwirtschaft kamen, liegt deutlich über dem der Professorinnen.

Tabelle 28: Projektförderung durch die nationale Privatwirtschaft, nach Disziplin und Geschlecht

Disziplin	Geschlecht	Anteil von Personen, die mindestens einmal gefördert wurden	Durchschnittliche Anzahl von finanzierten Projekten
Geisteswissenschaften	m	13 %	1,0
	w	14 %	1,5
Sozialwissenschaften	m	33 %	2,3
	w	16 %	1,5
Rechtswissenschaften	m	32 %	1,7
	w	11 %	1,0
Wirtschaftswissenschaften	m	24 %	2,0
	w	28 %	2,5
Naturwissenschaften	m	26 %	2,2
	w	32 %	2,4
Ingenieurwissenschaften, ohne Architektur	m	72 %	2,7
	w	47 %	4,7

Quelle: Wissenschaftskarriere

2.2.3.4 Im Fokus: Mobilität und Output

Wie lässt sich die Tätigkeit deutscher ProfessorInnen im Hinblick auf ausgewählte Indikatoren der Performanz und Mobilität charakterisieren? Zunächst ist der Professorenberuf in Deutschland durch nationale und internationale Immobilität gekennzeichnet. Fast die Hälfte der Befragten war schon mehr als zehn Jahre an derselben Universität tätig. Nicht einmal jede(r) Fünfte unternahm in den letzten fünf Jahren einen Auslandsaufenthalt von mehr als drei Monaten. Diesbezüglich zeigen sich nur geringe Unterschiede zwischen den Geschlechtern, dagegen aber auffällige Differenzen zwischen den Fächern.

Hinsichtlich der Publikationen und der Forschungsprojekte gibt es jeweils eine gänzlich inaktive (14 %) sowie eine hoch aktive Gruppe. Unterschiede zwischen Männern und Frauen finden sich sowohl bei der Publikationstätigkeit als auch bei der Finanzierung von Forschungsprojekten. Frauen publizieren etwa genauso oft in nationalen Medien, aber deutlich seltener in ausländischen Journals als ihre männlichen Kollegen. Professorinnen erhalten zudem insgesamt seltener Projektfinanzierungen durch die Universität, durch nationale Forschungsfonds und die Privatwirtschaft.

Bemerkenswert ist insbesondere, dass trotz Gender-Mainstreaming und langjähriger Bemühungen in der Frauenförderung die universitäre Forschungsfinanzierung die Professorinnen gerade in den Fächern nicht erreicht, die besonders häufig von der Universität gefördert werden – in den Wirtschafts- und Naturwissenschaften. Es scheint, dass Professorinnen deutlich weniger erfolgreich sind im Hinblick auf *Inhouse Lobbying*, die Fördermittelakquise in der eigenen Institution. Die im Vergleich zu ihren Kollegen geringere Förderung der Professorinnen durch die Privatwirtschaft ist dahingehend zu interpretieren, dass sie auch nicht in entsprechender Weise in die relevanten Netzwerke und informellen Zirkel außerhalb der Universität, wie etwa Beiräte oder Kuratorien, eingebunden sind. Eine mögliche Erklärung für die deutlich geringere Förderung durch die DFG könnte darin bestehen, dass Professorinnen im Vergleich zu ihren Kollegen bisher weniger international vernetzt waren. Doch auch die Besetzung der Fachgutachterausschüsse könnte einen Einfluss haben.

Die bis jetzt erläuterten Daten gaben ein umfassendes Bild über den Zugang zum Professorenberuf und die Tätigkeit nach Erhalt der Professur. Nachdem gezeigt wurde, dass für Frauen und Männer in einigen Bereichen Unterschiede im Zugang zur Universitätskarriere und im Arbeitsalltag bestehen, wird im folgenden Abschnitt thematisiert: Wie gestaltet sich die familiäre Situation der Befragten? Ob und wie ist es ihnen gelungen, den beruflichen Werdegang mit der Familie zu vereinbaren?

2.2.4 Familie und Beruf

Die Ergebnisse der Umfrage legen nahe, dass sich hier prägnante Unterschiede zwischen männlichen und weiblichen Wissenschaftlern zeigen. Der typische deutsche Professor ist verheiratet oder in einer festen Beziehung lebend (90 %) und hat ein oder mehrere Kinder (80 %). Die Mehrheit der männlichen Befragten (82 %) sah sich zudem als Oberhaupt der Familie.

Abbildung 4: Familienstand der Befragten

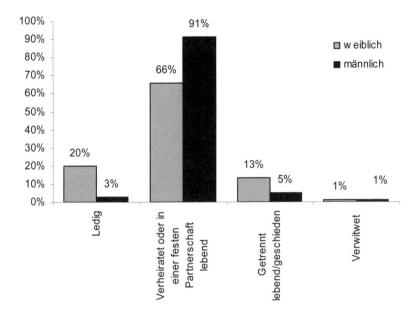

Quelle: Wissenschaftskarriere

Ganz anders sieht es bei den Professorinnen aus. Die Hälfte der Professorinnen hatte überhaupt keine Kinder. Jede dritte Befragte war zum Zeitpunkt der Erhebung ohne Partner, davon waren 13 % getrennt oder geschieden lebend. Auch war insgesamt die Zahl der weiblichen Teilnehmer (17 %), die bereits eine Scheidung erlebt hatten, höher als bei den männlichen Teilnehmern (11 %).[16] Hinsichtlich

---

16   Betrachtet man die unterschiedlichen Disziplinen, so ist Physik das Fach mit dem höchsten Anteil verheirateter bzw. in Partnerschaft lebender Professoren und dem höchsten Anteil an allein lebenden Hochschullehrerinnen. Die höchsten Anteile verheirateter Frauen findet man in der BWL, der Politikwissenschaft und den Ingenieurwissenschaften mit jeweils etwa drei Vierteln der Professorinnen. Der geringste Anteil verheirateter Professoren findet sich bei den Juristen mit 74,2 %.

des Berufs des Lebens- bzw. Ehepartners zeigt sich bei den Professorinnen ein interessantes Phänomen: Genau ein Drittel der befragten Wissenschaftlerinnen war mit einem Hochschullehrer verheiratet. Demgegenüber traf dies nur auf fünf % der Professoren zu, wobei selbstverständlich zu berücksichtigen ist, dass Professorinnen an deutschen Hochschulen immer noch eher die Ausnahme als die Regel darstellen. Es lässt sich eine ganze Reihe von Gründen anführen, warum der Partner von Professorinnen häufig aus dem gleichen beruflichen Umfeld stammt. Zum einen spielt hier möglicherweise die Einbindung in informelle Netzwerke eine Rolle, zum anderen erfüllt die Universität nach wie vor die Funktion eines „Heiratsmarktes", so dass einige Professorenpaare sich vermutlich bereits während des Studiums kennen gelernt und die verschiedenen Qualifikationsschritte gemeinsam bewältigt haben. Während die Lebenspartner der Professorinnen durchgängig (97 %) berufstätig waren, traf dies bei den Professoren nicht in gleichem Umfang zu (83 %).

Insgesamt weichen damit die Professorinnen deutlich vom klassischen weiblichen Rollenmodell ab. Nicht nur leben die befragten Frauen seltener in einer Partnerschaft, am auffälligsten ist sicherlich die deutlich geringere Anzahl von Kindern bei den Professorinnen. Tatsächlich haben die befragten Männer im Durchschnitt mehr als doppelt so viele Kinder (1,77) wie die befragten Frauen (0,8). Während jeder Dritte der befragten Professoren sogar drei oder mehr Kinder hatte, traf dies nur auf einen geringen Anteil der Frauen (8 %) zu.

2.2.4.1 Familienfreundliche DDR

Den stärksten Einfluss auf die Frage, ob die befragten Professorinnen eigene Kinder haben, spielt der Aufenthalt in der Phase der Promotion. Die Geburtenpolitik der DDR, die auf Überwindung der Vereinbarkeitsproblematik abzielte, um eine stärkere Integration von Frauen in das System der Erwerbsarbeit zu erreichen, zeigt sich in der hohen Anzahl von Professorinnen mit Kindern in den neuen Bundesländern.

Abbildung 5: Anteil der weiblichen Befragten die eigene Kinder haben, nach Bundesländern, in denen die Promotion erfolgte

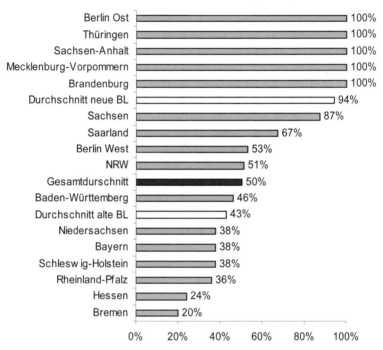

Quelle: Wissenschaftskarriere

Entscheidend für die Berechnung in *Abbildung 5* ist nicht der Aufenthaltsort der Befragten zum Zeitpunkt der Befragung, sondern zum Zeitpunkt der Promotion, da diese in der überwiegenden Anzahl der Fälle in die Phase der Familiengründung fällt. Da 80 % der Professorinnen mit Kindern ihr erstes Kind vor 1990 bekommen haben, sind die je nach Bundesland stark abweichenden Werte vor dem Hintergrund strukturell unterschiedlich institutionalisierter Hochschulsysteme und Rahmenbedingungen zu interpretieren.

Die Zahlen deuten darauf hin, dass die durchschnittliche Anzahl an ProfessorInnen mit eigenen Kindern in Deutschland nach unten zu korrigieren ist. Professorinnen, die ihre Familiengründung sowie Teilabschnitte des Ausbildungsweges in der DDR vor der Wiedervereinigung abgeschlossen hatten, verzerren als Ausreißer den Gesamtmittelwert nach oben. So haben die befragten Professorinnen, die ihre Promotion noch in der DDR absolviert hatten, mehr als doppelt so häufig Kinder (94 %) wie ihre Kolleginnen aus den alten Bundesländern (43 %).

Auch unter den alten Bundesländern zeigen sich dabei noch erhebliche Unterschiede: Bremen und Hessen sind die Schlusslichter, die 50 %-Marke erreichen oder überschreiten allein Hamburg, Nordrhein-Westfalen, Berlin-West und das Saarland.

Für die höhere Kinderzahl in den neuen Bundesländern gibt es mehrere Erklärungen. Zum einen herrschte in der ehemaligen DDR ein Karrieresystem an der Universität, das nach dem Prinzip des *Tenure Track* organisiert war (Majcher 2006: 97ff.). In der Literatur findet sich das Argument, dass der *Tenure Track* familienfreundlicher als das bundesdeutsche Karrieresystem an Universitäten ist (Majcher 2006). In Systemen mit *Tenure Track* wird die Ernennung auf eine Professur im Sinne einer Beförderung an der Heimatuniversität ermöglicht. Die bundesdeutsche Universitätskarriere sieht, wie bereits erläutert, den Wechsel der Universität und damit des Wohnortes für die Erlangung einer Professur vor (vgl. Abschnitt 1.2.1).

Abgesehen von den vor 1990 sehr unterschiedlichen Berufs- und Karrierewegen an den Hochschulen in Ost- und Westdeutschland sind bei der Interpretation der Ergebnisse aber auch soziokulturelle Faktoren zu berücksichtigen. Hier sind zum einen die aktive Bevölkerungspolitik und das damit verbundene umfassende Betreuungsangebot für Kinder zu nennen. Daneben spielt auch die eher geringe Reputation akademischer Berufe in der ehemaligen DDR eine Rolle. Analog zu den anderen damaligen „Ostblock-Ländern", genoss eine Tätigkeit in der Wissenschaft in der ehemaligen DDR ein geringeres Ansehen als beispielsweise ein Ingenieurberuf (vgl. Majcher 2006). Die Hochschulen der DDR waren daher in größerem Maße als in Westdeutschland ein Berufsfeld für Frauen.

Tabelle 29: Anteil der Professorinnen mit Kindern nach Kohorten, in %

Geburtsjahr der Professorinnen	Anteil der Professorinnen, die Kinder haben
bis 1935	22,2
1936-1940	49,2
1941-1945	54,0
1946-1950	54,6
1951-1955	61,2
1956-1960	35,9
1961-1965	32,4
1966-1970	75,0
Durchschnitt	49,7

Quelle: Wissenschaftskarriere

Im Gegensatz dazu verfügten junge Wissenschaftlerinnen an westdeutschen Hochschulen bis in die jüngste Zeit kaum über Rollenvorbilder in Gestalt von Professorinnen, denen es gelungen war, wissenschaftlichen Erfolg und Familienleben miteinander in Einklang zu bringen. Unter den vor 1940 geborenen Professorinnen, die sich an der Studie beteiligten und die schon in den 1980er Jahren als Hochschullehrerinnen tätig waren, hatten daher auch nur 22 % Kinder.

Hier zeichnet sich jedoch inzwischen eine klare Wende ab. Die Entweder-oder-Perspektive des Primats Beruf oder Familie wird zunehmend in Richtung Vereinbarkeit abgelöst. So haben die jüngeren Professorinnen deutlich eher Kinder als ihre älteren Kolleginnen. Insofern geht der Trend unter der Professorenschaft klar in Richtung Vereinbarkeit von Beruf und Familie.

2.2.4.2 Keine Trendwende im Haushalt

Dies bedeutet jedoch nicht, dass es auch hinsichtlich der familiären Arbeitsteilung schon zu grundlegenden Veränderungen gekommen wäre. So liegt auch im ProfessorInnen-Haushalt die Verantwortung für die Betreuung und Erziehung der Kinder nach wie vor primär bei der Frau. Betrachtet man die Betreuung der Kinder im Vorschulalter (*Abbildung 6*), so wurde diese Aufgabe bei zwei Dritteln der Professoren von der Partnerin übernommen. Dagegen wurde nur eine Minderheit der Professorinnen (8 %) hier vom Partner entlastet. Eine Aufteilung zu gleichen Teilen gab es sowohl bei Professorinnen als auch bei Professoren nur etwa bei einem Fünftel der Fälle.

Damit zeigt sich, dass vor allem Professoren häufig in Beziehungen leben, die bezüglich der Kinderbetreuung auf eine traditionelle Rollenverteilung zurückgreifen, während die befragten Frauen alternative Betreuungsangebote in Anspruch nahmen. Immerhin 18 % der befragten Professorinnen gaben an, sie hätten zum größten Teil die Betreuung neben der Hochschullaufbahn noch selbst übernommen. 40 % der Professorinnen griffen auf externe Hilfe zurück. Etwa ein Viertel leistete sich eine privatfinanzierte Kinderbetreuung und 14 % nutzten öffentlich finanzierte Betreuungseinrichtungen. Im Vergleich dazu waren die Professoren auf diese Angebote kaum angewiesen: Nur 7 % griffen überhaupt auf Betreuungsangebote zurück.

Abbildung 6: „Als sich Ihre Kinder im Vorschulalter befanden bzw. falls sie noch im Vorschulalter sind, von wem wurden oder werden sie hauptsächlich betreut?" (nach Geschlecht, fehlende Angaben zu 100% sind ungültige Antworten)

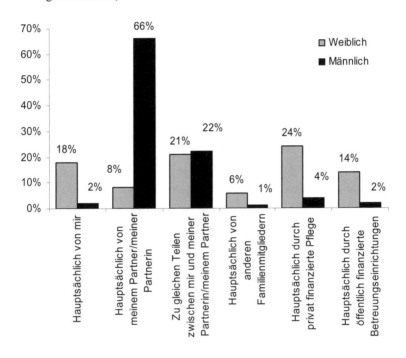

Quelle: Wissenschaftskarriere

Dass Professorinnen durch die Erziehungsarbeit stärker gefordert sind als ihre Kollegen, wird von den Befragten auch so empfunden. Auf die Frage, ob die Betreuung der Kinder im Schulalter den Berufsweg und die wissenschaftliche Tätigkeit beeinträchtigt hätte, gab nur jeder zehnte Mann, aber etwa jede dritte Frau an, dies sei „oft" oder sogar „sehr oft" der Fall gewesen. Umgekehrt sahen sich 75 % der Männer, aber nur 44 % der Frauen „nur selten" oder „nie" durch die Kinderbetreuung beeinträchtigt.

2.2.4.3 (K)Ein Platz für Kinder?

Ist daher die Vereinbarkeitsproblematik die entscheidende Hürde für Frauen auf dem akademischen Karriereweg? Wie gezeigt wird, ist diese Frage sehr differenziert zu behandeln. Es wird im Folgenden Vorhandensein und Anzahl von Kindern im Verhältnis zur Dauer des Zeitraumes zwischen Dissertation und Habilitation betrachtet. Wie bereits ausgeführt, ist dies die Phase im Karriereverlauf von Professorinnen, die am ehesten eine relative Verzögerung im Vergleich zu den Karrierewegen der männlichen Kollegen aufweist.

Betrachtet man Professorinnen und Professoren mit Kindern dahingehend, wie schnell die Habilitation nach der Promotion fertig gestellt wurde, so zeigen sich keine Unterschiede, weder im Hinblick auf die zeitliche Dauer des Karriereschritts noch im Hinblick auf die Zahl der Kinder. Insofern haben Kinder keinen Einfluss auf die Dauer dieser Phase.

Das heißt aber nicht, dass Kinder gar keinen Einfluss darauf hätten, wie schnell die Hürden des akademischen Karriereweges genommen werden. Offensichtlich ist nicht das Vorhandensein von Kindern, sondern der Zeitpunkt der Familiengründung entscheidend. In den *Tabellen 30 und 31* wird der durchschnittliche Zeitraum zwischen dem Abschluss des Studiums und der Promotion, die Anzahl der Kinder und das durchschnittliche Alter beim Antritt der ersten Professur in Abhängigkeit vom Zeitpunkt der Geburt des ersten Kindes berechnet.

Tabelle 30: Zeitraum zwischen Studienabschluss und Promotion der befragten Frauen in Abhängigkeit vom Zeitpunkt, zu dem das erste Kind geboren wurde, in Jahren

Abstand der Geburt des ersten Kindes zur Promotion	Zeitraum vom Studienabschluss bis zur Promotion (Durchschnitt)	Durchschnittsalter bei der ersten Professur
Mindestens 6 Jahre vorher	8,9	45,02
5 bis 3 Jahre vorher	5,3	42,91
2 bis 0 Jahre vorher	5,8	41,84
1 bis 3 Jahre danach	4,9	41,40
4 bis 7 Jahre danach	4,4	39,84
8 und mehr Jahre danach	4,2	39,86
Insgesamt	5,7	41,84

Quelle: Wissenschaftskarriere

Tabelle 30 enthält nur die Werte für die befragten Professorinnen. Dabei zeigen sich eindeutige Abhängigkeiten. Je früher im Lebenslauf
der Professorin das erste Kind geboren wurde, umso länger gestaltete
sich der Zeitraum zwischen Studienabschluss und Promotion.[17]

Allerdings kann auch nach dieser Berechnung nicht generell bei
Vorhandensein von Kindern auf eine Verzögerung der Berufsbiographie geschlossen werden. Kinderlose Professorinnen erreichten die
erste Professur durchschnittlich mit 41 Jahren. Das entspricht in etwa
dem Karrieretempo der Gruppe, die ihr erstes Kind ein bis drei Jahre
nach der Promotion bekommen hat. Zusätzlich haben aus dieser Un-
tergruppe noch 59 % ein zweites Kind bekommen. Die Professorinnen,
die ihr erstes Kind vier oder mehr Jahre nach dem Abschluss der
Promotion bekamen, erreichten ihre erste Professur im Durchschnitt
sogar schneller als das Mittel der kinderlosen Frauen. Aus dieser

---

17   Die Korrelation nach Pearson liegt mit r = 0.4 im mittleren Bereich.

Auswertung kann geschlossen werden, dass nicht die Frage, ob im Laufe der Karriere Kinder geboren wurden, das Karrieretempo maßgeblich determiniert. Vielmehr scheint es aus Perspektive des Berufsweges günstige und ungünstige Zeitpunkte für eine Familiengründung zu geben. Demnach ist die Geburt des ersten Kindes nach Beendigung der Promotion oder zu einem späteren Zeitpunkt im Hinblick auf das Ziel einer Professur eher unproblematisch. Vergleichbare Muster zeichnen sich auch bei den männlichen Befragten ab, wie *Tabelle 31* aufzeigt.

Tabelle 31: Zeitraum zwischen Studienabschluss und Promotion der befragten Männer in Abhängigkeit vom Zeitpunkt, zu dem das erste Kind geboren wurde, in Jahren

Abstand der Geburt des ersten Kindes zur Promotion	Zeitraum vom Studienabschluss bis zur Promotion (Durchschnitt)	Alter bei der ersten Professur
Mindestens 6 Jahre vorher	8,4	43,8
5 bis 3 Jahre vorher	6,0	41,4
2 bis 0 Jahre vorher	4,3	40,8
1 bis 3 Jahre danach	3,9	38,7
4 bis 7 Jahre danach	4,0	39,1
8 und mehr Jahre danach	4,0	38,5
Insgesamt	4,6	40,0

Quelle: Wissenschaftskarriere

Professoren mit Kindern erreichen ihre erste Professur mit 40 Jahren insgesamt nur geringfügig später als die ohne Kinder (39,3 Jahre). Dennoch hat auch hier der Zeitpunkt der Familiengründung Einfluss auf den weiteren beruflichen Weg. Wissenschaftler, deren erstes Kind mindestens sechs Jahre vor der Promotion geboren wurde, benötigten für die Qualifikationsphase zwischen Studienabschluss und Promotion durchschnittlich mehr als doppelt so lange wie solche, deren erstes Kind nach der Promotion geboren wurde. Diese Verzögerungen schreiben sich im weiteren Verlauf der Karriere fort.

Kommt es also – gemessen an der Schnelligkeit der Qualifikationsphasen – infolge von Kindern zu einer Beeinträchtigung des Karriereweges? Dies ist nach dem Ergebnis der Befragung offenbar dann der Fall, wenn der Wunsch besteht, die Kinder vor oder während der Phase der Promotion, also etwa bis zum 30 Lebensjahr, zu bekommen. Um eine Verlängerung des Karriereweges zu vermeiden, wäre also die empfehlenswerte Strategie, Kinder- und Familiengründung erst relativ spät nach der Promotion bzw. kurz vor der Berufung auf eine Professur zu planen. Da jedoch die Möglichkeit, schwanger zu werden, mit zunehmendem Alter deutlich abnimmt, erhöht sich damit wiederum das Risiko der Kinderlosigkeit für weibliche Wissenschaftler.

2.2.4.4 Im Fokus: Wissenschaft und Familie

Zusammenfassend lässt sich festhalten, dass Kinder nach den vorliegenden Daten durchaus mit der Universitätskarriere vereinbar sind. Allerdings gestaltet sich diese Vereinbarkeit für Frauen unter Umständen anders als für Männer. Zum einen sind Professorinnen wesentlich häufiger als ihre Kollegen geschieden, getrennt lebend oder ledig. Sie haben deutlich weniger Kinder als ihre männlichen Kollegen. Obwohl die Männer den gleichen institutionellen Bedingungen hinsichtlich des Karriereweges und der Betreuungsangebote unterliegen, bestehen nach den vorliegenden Daten trotzdem sehr unterschiedliche Ausgangspositionen durch die abweichende Rollenverteilung von Männern und Frauen im Privatleben. Während Wissenschaftlerinnen eindeutig auf externe Betreuungsangebote angewiesen sind, wurde bei den Professoren die Betreuung der Kinder in den meisten Fällen schlicht von der Partnerin übernommen. Dieser Befund kommt nicht ganz unerwartet, herauszustellen ist jedoch, dass Professorinnen, die sich in der Familiengründungsphase in den neuen Bundesländern befanden, fast alle Kinder haben – und zwar unabhängig vom Alter der befragten Frauen, während es in den alten Bundesländern noch nicht einmal die Hälfte der Professorinnen sind. Anders ausgedrückt: Mehr als jede zweite Professorin ist hier kinderlos. Insofern ist davon auszugehen, dass die gesellschaftlichen wie universitären Rahmenbedingungen – und hier möglicherweise der Weg zur Professur über den *Tenure Track*, die Organisationskultur der Alma Mater sowie die hierzulande immer noch eher traditionelle Rollenverteilung – einen Einfluss auf den Karriereweg von Wissenschaftlerinnen wie auch auf den Berufsalltag von Professorinnen ausüben. Wie deutlich wurde, lassen sich ganz erhebliche Unterschiede zwischen männlichen und weiblichen Professoren hinsichtlich ihrer familiären Situation feststellen. Doch auch hinsichtlich des Zugangs zur Professur wie auch im Arbeitsalltag an der Universität konnten auf der Basis der vorliegenden Ergebnisse Unterschiede zwischen Professoren und Professorinnen deutlich gemacht werden. Im folgenden Abschnitt wird thematisiert, wie sich diese Unterschiede auf die subjektive Wahrnehmung der eigenen Position in der Organisation Universität auswirken, ob und inwiefern sich diese Wahrnehmungen bei den befragten Männern und Frauen unterscheiden.

2.2.5. *Geteilte Wirklichkeit? Wahrnehmung der Universität als Arbeitsplatz*

Das Gefühl, im Arbeitsumfeld anerkannt zu sein und wertgeschätzt zu werden, hat einen wichtigen Einfluss auf Leistungsbereitschaft und Zufriedenheit am Arbeitsplatz. Besonders dem Selbstwert wird ein fundamentaler Einfluss auf das Arbeitsverhalten und die berufsbezogenen Einstellungen zugesprochen. Er bestimmt Gedanken, Gefühle und Handlungen des Individuums im Beruf und wirkt sich sowohl auf die Arbeitszufriedenheit als auch auf die Leistung aus (Gardner/Pierce 1998; Judge/Bono 2001). Im Rahmen der vorliegenden Untersuchung wurde daher insbesondere versucht, die subjektive Wahrnehmung der befragten Professorinnen hinsichtlich der Universität als Arbeitsumfeld und hinsichtlich ihrer Integration in die wissenschaftliche Gemeinschaft zu erfassen. Bislang sind diese Fragestellungen, wie in Kapitel 1.4.4 dargelegt, primär im Kontext qualitativer Untersuchungen und anhand von Fallstudien thematisiert worden. Die Ergebnisse der vorliegenden repräsentativen Untersuchung vermitteln erstmals einen Eindruck davon, ob sich Professorinnen als Fachfrauen ihrer Disziplin anerkannt und inwiefern sie sich in ihrer Heimatuniversität bzw. in ihrem Institut oder Fachbereich „zu Hause" fühlen.

Im folgenden Abschnitt wird der Fokus zunächst darauf liegen, anhand der Daten zu rekonstruieren, wie die befragten Professorinnen ihre eigene Position in einem Umfeld bewerten, das durch Tradition und Organisationskultur sowie hinsichtlich des herrschenden Habitus im Sinne von Bourdieu als eher männlich geprägt gilt.

Angesprochen sind hiermit zunächst Fragen der allgemeinen Akzeptanz von Frauen in Leitungspositionen, darüber hinaus aber auch der Zugang zu informellen Netzwerken und die wahrgenommene Anerkennung von Leistungen im Vergleich zu männlichen Kollegen. Das besondere Augenmerk wird hier auf einem Vergleich der Wahrnehmung von männlichen und weiblichen Professoren hinsichtlich der Position und Integration von Frauen liegen. Ergänzend wird auch das Belastungserleben der weiblichen und männlichen Befragten verglichen, um festzustellen, ob hier Unterschiede festzustellen sind, die eventuell auf eine höhere subjektive Belastung der Professorinnen hindeuten.

2.2.5.1 Akzeptanz von Frauen im Wissenschaftsbetrieb

Die Ergebnisse weisen erstaunliche Unterschiede hinsichtlich der Einschätzung durch Professoren und Professorinnen auf, inwiefern Akademikerinnen im Wissenschafts- und Universitätsbetrieb akzeptiert sind. Es zeigt sich vor allem, dass die Professorinnen die Gleichstellungssituation in ihrer Universität ganz anders wahrnehmen als ihre männlichen Kollegen.

Es muss dabei jedoch unterschieden werden zwischen der Wahrnehmung der Akzeptanz von Frauen im eigenen Fachbereich, die durchwegs positiv ausfällt, und der Akzeptanz von Frauen im allgemeinen Forschungsbetrieb und in universitären Spitzenpositionen.

Zwei Drittel der befragten Wissenschaftlerinnen und 83 % der Wissenschaftler waren der Ansicht, dass Frauen generell als Professorinnen im eigenen Fachbereich akzeptiert seien. Bezogen auf die allgemeine Situation von Frauen in der Forschung sieht dies jedoch anders aus. Während drei Viertel Professoren die Meinung vertraten, dass Akzeptanz in Leitungspositionen der Forschung für ihre weiblichen Kolleginnen kein Problemfeld darstellt, stimmten nur 40 % der Professorinnen der Aussage zu, Frauen seien in leitenden Positionen in der Forschung generell akzeptiert.

Abbildung 7: „Frauen sind in leitenden Positionen in der Forschung generell akzeptiert!" (nach Geschlecht, fehlende Angaben zu 100 % sind ungültige Antworten)

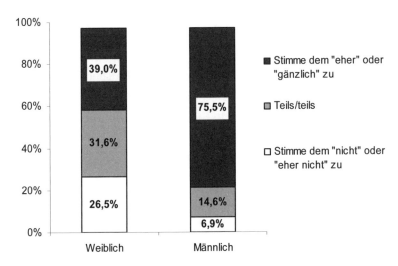

Quelle: Wissenschaftskarriere

Noch pessimistischer fällt die Einschätzung der Professorinnen aus, was die Akzeptanz von Frauen in Bezug auf universitäre Spitzenpositionen angeht. Nur 37 % der Professorinnen sehen diese Akzeptanz „eher" (25 %) oder „voll und ganz" (12 %) gegeben. Demgegenüber sieht auch hier die überwiegende Mehrheit der Professoren (73 %) kein Problem.

Abbildung 8: „Frauen sind in universitären Spitzenpositionen generell akzeptiert!" (nach Geschlecht, fehlende Angaben zu 100 % sind ungültige Antworten)

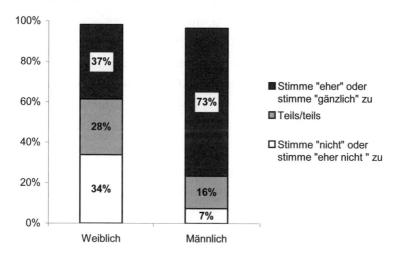

Quelle: Wissenschaftskarriere

Diese Einschätzungen passen zur Beurteilung der gesamtgesellschaftlichen Situation durch die Befragten. Über die Hälfte Frauen stimmte der Aussage zu „Die Gesellschaft ist so organisiert, dass Frauen von Spitzenpositionen ferngehalten werden". Die Einschätzung der gesellschaftlichen Verhältnisse, die Wahrnehmung des professionellen Umfeldes und individuelle Erfahrungen sind also eng verknüpft. Die Unterrepräsentanz von Frauen in unterschiedlichen Handlungsfeldern wird aus Sicht der meisten Befragten eben nicht durch unzureichende Qualifikation der Frauen verursacht: Nur ein geringer Teil der Befragten beider Geschlechter stimmte dieser Erklärung zu. Vielmehr resultiert sie aus struktureller Diskriminierung, die sich über Organisationskonstitutiva, wie informelle Netzwerke, reproduziert.

2.2.5.2 Zugang zu Netzwerken

Auf die Bedeutung von Netzwerken für die universitäre Karriere wurde bereits eingegangen (vergleiche Lind 2004; Löther 2003). Hier kommen vor allem die von Marc Granovetter beschriebenen *Weak Ties* ins Spiel – jene losen Kontakte und Beziehungsgeflechte, die als Grundlage für die Etablierung in der wissenschaftlichen *Community*, beim Zugang zu Stellen und bei der Platzierung von Publikationen in hochrangigen Journals entscheidend sind. Eingebunden sein in Netzwerke bedeutet jedoch auch, dass an Einfluss gewonnen und letztlich über Macht verfügt wird. Wie beurteilen die Befragten selbst die Bedeutung solcher informellen Netzwerke und inwiefern haben sie nach ihrer Wahrnehmung Zugang zu diesen Netzwerken?

Abbildung 9: „Macht ist im Wissenschaftsbereich primär an informelle Netzwerke gebunden!", (nach Geschlecht, fehlende Angaben zu 100 % sind ungültige Antworten)

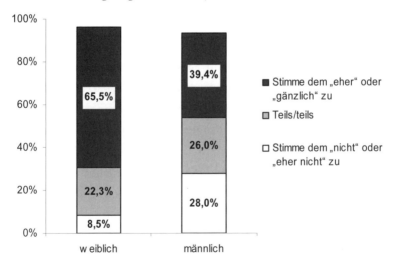

Quelle: Wissenschaftskarriere

Hinsichtlich des Zusammenhangs von Macht und Einfluss sowie der Eingebundenheit in informelle Netzwerke differieren die Einschätzungen der befragten Professoren und Professorinnen erheblich. Die überwiegende Mehrheit der befragten Professorinnen (65 %) stimmt der Aussage, dass Macht im Wissenschaftsbetrieb primär an informelle Netzwerke gebunden ist, „eher" oder „gänzlich" zu. Wie schon bei der Einschätzung der Relevanz von Mentoring-Beziehungen für den beruflichen Erfolg (vgl. Abschnitt 2.2.2.2), sehen dagegen die männlichen Kollegen auch hier in weitaus geringerem Maße eine Verbindung zwischen solchen informellen Netzwerken und dem Faktor Macht an der Universität.

Abbildung 10: „Frauen sind weniger in wichtigen informellen Netzwerken integriert!", (nach Geschlecht, fehlende Angaben zu 100 % sind ungültige Antworten)

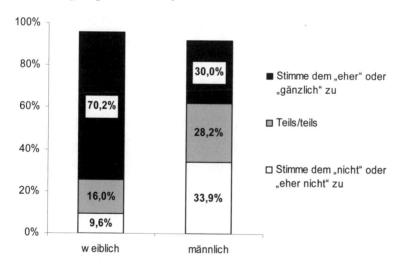

Quelle: Wissenschaftskarriere

Die deutlich geringere Bedeutungseinschätzung informeller Netzwerke von Seiten der männlichen Kollegen wird jedoch verständlicher, wenn man berücksichtigt, dass männliche Hochschullehrer eher Teil solcher Netzwerke sind, während sich die überwiegende Mehrheit der Professorinnen als ausgegrenzt aus diesen informellen Beziehungsstrukturen empfindet. Zwei von drei der befragten Professorinnen sind der Ansicht, Frauen seien weniger in wichtigen informellen Netzwerken integriert. 42 % der Professorinnen waren darüber hinaus der Ansicht, Frauen würden in einem vorwiegend männlichen Umfeld sogar isoliert. Dieser Aussage stimmten dagegen nur 23 % der Männer zu.

2.2.5.3 Anerkennung von Leistungen

Wie reagieren die befragten Professorinnen auf die wahrgenommene mangelnde Akzeptanz im Fach und den Ausschluss von informellen Netzwerken? Es scheint, als bemühten sie sich vor allem, diese Defizite durch mehr Leistung auszugleichen. Damit kämpfen sie in gewisser Weise gegen das von ihnen empfundene „schlechte Image" von Frauen im Hochschulbetrieb an. So war mehr als die Hälfte der befragten Professorinnen der Meinung, in ihrem Fachbereich die gleiche Anerkennung wie ihre männlichen Kollegen nur durch ein höheres Maß an Leistung erhalten zu können (vgl. *Abbildung 7*). Im Gegensatz dazu waren drei Viertel der Männer der Meinung, dies treffe nicht zu.

Abbildung 11: „Frauen müssen in meinem Fachbereich mehr leisten als Männer, um die gleiche Anerkennung zu bekommen!", (nach Geschlecht, fehlende Angaben zu 100 % sind ungültige Antworten)

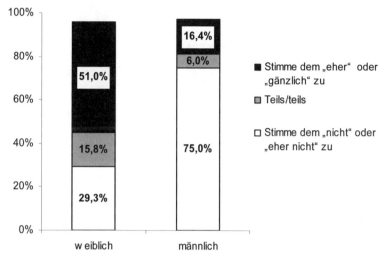

Quelle: Wissenschaftskarriere

2.2.5.4 Belastungserleben und Verzichtsleistungen

Wie wirkt sich die Wahrnehmung der fehlenden Akzeptanz und das Empfinden, überdurchschnittliche Leistungen erbringen zu müssen, bei den befragten Wissenschaftlerinnen aus? Die soziale Integration am Arbeitsplatz spielt eine wichtige Rolle für die Ausprägung der Arbeitszufriedenheit, so dass sich das Erleben von Ausgrenzung, oft in Verbindung mit Belastungssymptomen wie Stress, Erschöpfung, Angst oder Abgeschlagenheit, negativ auf diese auswirken kann (Spector 1997; Matiaske 1999; Semmer/Udris 2004).

Abbildung 12: „Wie häufig haben Sie im vergangenen Jahr Symptome von Überarbeitung wie Erschöpfung, Ängste oder Abgeschlagenheit verspürt?", (nach Geschlecht, fehlende Angaben zu 100 % sind ungültige Antworten)

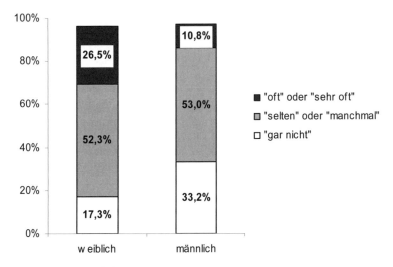

Quelle: Wissenschaftskarriere

In der Tat gaben die befragten Professorinnen wesentlich häufiger als ihre männlichen Kollegen an, unter solchen Symptomen zu leiden. Mehr als doppelt so viele der Frauen wie Männer bejahten, im vergangenen Jahr „oft" oder „sehr oft" Symptome von Stress und Überarbeitung empfunden zu haben.

Das Erleben von Belastungen am Arbeitsplatz ist ein Aspekt, der sich auf die Arbeitszufriedenheit auswirkt. Aber auch die Auswirkungen der Arbeit auf andere Lebensbereiche sind für die subjektive Beanspruchung und die Arbeitszufriedenheit von Bedeutung. Das Erreichen einer beruflichen Spitzenposition geht häufig mit Verzichtsleistungen in anderen Lebensbereichen einher.

Abbildung 13: Anteil der Personen, die zustimmten, „oft" oder „sehr oft" in den genannten Bereichen Opfer zu Gunsten der Karriere gebracht zu haben, in %

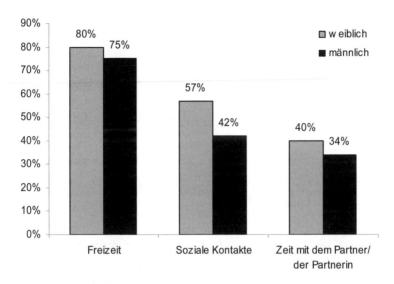

Quelle: Wissenschaftskarriere

Nach den Ergebnissen der Studie kommt gerade das Privatleben nach Ansicht aller befragten WissenschaftlerInnen häufig zu kurz. So geben etwa 37 % der Befragten beiderlei Geschlechts an, „oft" oder „sehr oft" Konflikte hinsichtlich der Vereinbarung von Beruf und Partnerschaft erlebt zu haben. Auch der Anteil der Personen, die aus beruflichen Gründen weniger Zeit mit dem Partner oder der Partnerin verbrachten, lag bei beiden Geschlechtern bei etwa 40 %. Etwa jeder zweite Befragte gab außerdem an, an Zeit für soziale Kontakte und Freundschaften gespart zu haben, um das Karriereziel Professur zu erreichen.

Die Wahrnehmung der befragten Professorinnen, mehr Leistung erbringen zu müssen als ihre männlichen Kollegen, spiegelt sich jedoch auch in einigen Angaben über Verzichtsleistungen für die Karriere wider. Mit 57 % gaben etwa 15 % mehr Professorinnen als Professoren an, dass sie „oft" bis „sehr oft" an Zeit für soziale Kontakte und Freundschaften sparen mussten, um dorthin zu gelangen, wo sie heute sind. Auch gaben mehr Frauen als männliche Befragte an, sehr oft Abstriche in der Freizeit gemacht zu haben.

2.2.5.5 Im Fokus: Universität als gegenderter Arbeitsplatz

Abschließend lässt sich festhalten, dass sich die Wahrnehmung des universitären Arbeitsumfeldes und der Position der Frauen in diesem Umfeld maßgeblich zwischen den Geschlechtern unterscheidet. So ist ein beachtlicher Teil der befragten Professorinnen der Ansicht, Frauen seien weder in leitenden Positionen in der Forschung noch in universitären Spitzenpositionen akzeptiert. Die befragten Professorinnen hatten ferner den Eindruck, die deutsche Gesellschaft halte Frauen eher von Spitzenpositionen fern. Vor allem im Hinblick auf die Integration von Frauen in den Wissenschaftsbetrieb und in die Organisation Universität zeichnen die Ergebnisse ein eher pessimistisches Bild. Alle Teilnehmerinnen waren Vollzeitprofessorinnen und blickten auf eine erfolgreiche Karriere zurück. Jede Hürde auf dem akademischen Karriereweg war von ihnen gemeistert worden. Sie schätzten ihren Beruf in gleichem Maße wie ihre männlichen Kollegen und dennoch hatte ein überwiegender Anteil von ihnen den Eindruck, als Frauen in der wissenschaftlichen *Community* nicht integriert sowie von der Forschungsgemeinschaft nicht voll akzeptiert zu werden. In der Sprache der Netzwerkanalyse erleben sich Wissenschaftlerinnen noch immer als peripher. Sie empfinden sich nicht als eingebunden in die lose gekoppelten Beziehungsgeflechte des universitären Alltags. Aus der Sicht der Wissenschaftlerinnen sind jedoch sowohl Reputation als auch Macht im Weberschen Sinn abhängig von einer erfolgreichen

Einbindung in eben diese Netzwerkstrukturen. So sind die Professorinnen auch der Ansicht, sich mehr anstrengen zu müssen, um die gleichen Ziele zu erreichen wie ihre männlichen Kollegen. Auffällig ist, dass keine dieser Wahrnehmungen von den männlichen Kollegen geteilt wird. Da die Professorinnen überwiegend den Eindruck haben, die mangelnde Akzeptanz durch mehr Leistung kompensieren zu müssen, ist auch ihr Belastungsempfinden im Vergleich zu den männlichen Kollegen stärker ausgeprägt. Sie leiden mehr als doppelt so oft unter Stresssymptomen wie Erschöpfung, Ängste oder Abgeschlagenheit.

Schließlich geben alle Befragten an, zu Gunsten der Karriere in anderen Lebensbereichen Einbußen hingenommen zu haben. Auffällige Differenzen zwischen den Geschlechtern finden sich jedoch bezüglich der Familienplanung. Etwa ein Viertel der Professorinnen hat nach eigenem Empfinden für das berufliche Weiterkommen den Kinderwunsch zurückgestellt. Der Anteil liegt damit doppelt so hoch wie bei den Professoren. Vier von fünf männlichen Befragten sahen sich zu keinem Zeitpunkt genötigt, den Kinderwunsch zurückzustellen. Diese Befunde machen nochmals den Unterschied zwischen Professoren und Professorinnen in puncto Familienplanung sowie Vereinbarkeit von Familie und Beruf deutlich.

Auf die Frage, warum Professorinnen und Professoren in Deutschland ihr akademisches Umfeld so unterschiedlich wahrnehmen, verweisen die Ergebnisse der Studie auf zwei mögliche Antworten. Im Laufe ihrer Karriere sehen sich Akademikerinnen vermehrt Integrationsproblemen gegenüber, da sie im Gegensatz zu ihren männlichen Kollegen in geringerem Maße von einer institutionalisierten Integration in die Forschungsgemeinschaft via universitäre Anstellung profitieren (vgl. Kapitel 2.2.2.1). Die Ergebnisse der Befragung weisen ferner auf ein weiteres und vergleichsweise schwieriger zu überwindendes Integrationshindernis für Akademikerinnen im Hochschulbetrieb hin: Wissenschaftlerinnen sind nach wie vor kaum in die informellen Netzwerke und Beziehungsstrukturen integriert. Hierdurch erfahren sie u. a. Nachteile an ihrer Universität und an ihrem Institut, und zwar derart, dass Professorinnen im Vergleich zu ihren Kollegen in deutlich geringerem Umfang von der inneruniversitären Forschungsförderung profitieren (vgl. Abschnitt 2.2.3.3). Gleichzeitig haben sie weniger Zugang zu Fördermöglichkeiten der Privatwirtschaft. Und sie sind nicht in gleichem Umfang wie ihre männlichen Kollegen in die internationale *Scientific Community* eingebunden, was sich wiederum negativ auf ihre Publikationstätigkeit vor allem in internationalen Medien und Organen auswirkt.

Leider ist dieser eher pessimistische Befund nicht auf Deutschland und das hiesige Universitätssystem beschränkt, sondern die Ergebnisse des international vergleichenden Projektes *„Women in European Universities"* zeichnen ein ähnliches Bild.

2.2.6 Deutschland im internationalen Vergleich – Ergebnisse des Projektes „Women in European Universities"

2.2.6.1 Aufbau und Zielsetzung des Projektes

Das Forschungs- und Ausbildungsnetzwerk „*Women in European Universities*"[18], finanziert von der Europäischen Union für die Laufzeit von drei Jahren, bildete für NachwuchswissenschaftlerInnen eine ideale Plattform der Integration in die Europäische *Scientific Community* im Bereich der Sozialwissenschaften. Auslandsaufenthalte waren für die dem Netzwerk angeschlossenen DoktorandInnen und Postdocs zwingend vorgeschrieben. Entsprechendes galt für die Teilnahme an internationalen Konferenzen, vorrangig im europäischen Kontext. Hierzu wurden die TeilnehmerInnen nicht nur aufgefordert, sondern sie wurden auch nachhaltig unterstützt. Und die jungen WissenschaftlerInnen wurden in der Humboldtschen Tradition der engen Verzahnung von Forschung und Lehre ausgebildet. Wie bereits im Vorwort beschrieben, waren dem Netzwerk sieben Universitäten an den Standorten Innsbruck, London, Lund, Madrid, Münster, Toulouse und Warschau angeschlossen. Während diese Universitäten und sieben Professorinnen den Nukleus des Netzwerkes bildeten, wurde während der Projektlaufzeit mit zahlreichen KollegInnen mit herausragender Reputation in dem spezifischen Feld der Geschlechter- sowie der Organisationsforschung zusammengearbeitet. Herauszustellen ist an dieser Stelle, dass „Women in European Universities" eines der wenigen internationalen Projekte darstellt, das sowohl interdisziplinär als auch international angelegt und auf eine Fragestellung der Genderforschung fokussiert war: Warum sind Frauen in Leitungspositionan an Universitäten trotz der zunehmenden Feminisierung, d. h. der

---

18 http://csn.uni-muenster.de/women-eu

Zunahme des Anteils von Frauen auf den verschiedenen Qualifizierungsstufen, in ganz Europa nach wie vor unterrepräsentiert? Und warum entscheiden sich vergleichsweise wenige junge Wissenschaftlerinnen für eine Karriere an der Universität?

Diese Fragestellungen bildeten den Ausgangspunkt für die Untersuchungen des Netzwerkes. Aufgrund der interdisziplinären Zusammensetzung der im Netzwerk kooperierenden Professorinnen und der darin vertretenen Disziplinen, darunter Volkswirtschaft, Soziologie und Politikwissenschaft, war ein Untersuchungsdesign unter Berücksichtigung unterschiedlicher methodologischer Zugänge vorgegeben. Für die Projektlaufzeit wurde daher ein Forschungs- und Untersuchungsfahrplan festgelegt, der aus vier spezifischen „Arbeitsphasen" bestand, in denen jeweils gezielt einzelne Teilaspekte der Gesamtfragestellung unter Einsatz eines adäquaten methodischen Zugangs untersucht wurden.

In der *Work Phase I* wurden zunächst die verschiedenen Universitätssysteme der am Netzwerk beteiligten Länder auf der Basis von Literaturanalysen betrachtet und kritisch analysiert. Hierbei wurde ein breites Spektrum von Einzelthemen abgedeckt, das von der Tradition, der Steuerung und dem Aufbau der Universitäten über ihre Einbindung in den administrativen Kontext des jeweiligen Landes bis hin zu den Karrierewegen der WissenschaftlerInnen reichte. Schon in dieser ersten Phase wurde deutlich, dass Europa von einem einheitlichen Wissenschaftsraum noch weit entfernt ist. Die verschiedenen Systeme unterscheiden sich ganz erheblich voneinander. Thema der *Work Phase II* bestand in der Analyse der Feminisierung der Universitäten in Europa. Mit besonderem Augenmerk auf die Partizipation von Frauen im Universitätsbetrieb wurden von den am Netzwerk beteiligten jungen WissenschaftlerInnen mittels sekundärstatistischer Analysen pro Land jeweils statistische Profile erarbeitet. Im Zentrum dieser Arbeitsphase stand die Fragestellung, ob und inwiefern sich eine Entwicklung in Richtung *Gender Equality* abzeichnet und auch datengestützt nachzuvollziehen ist. Mit Ausnahme von Großbritannien und Spanien, wo erhebliche Probleme hinsichtlich der Verfügbarkeit von statistischem Material im Universitätsbereich festzustellen waren, wurden die Untersuchungen des Netzwerkes in dieser Phase maßgeblich von den Statistischen Ämtern der beteiligten Länder unterstützt. Die Berufs- und Karrierewege der ProfessorInnen sowie ihr Alltag an der Universität standen im Zentrum der Untersuchungen von *Work Phase III*. Der methodische Zugang erster Wahl war hier die Umfrage. In diesem Kontext wurde in Deutschland dank der Förderung des Bundesministeriums für Bildung und Forschung die Untersuchung bzw. repräsentative Befragung „Wissenschaftskarriere" durchgeführt, deren Ergebnisse im vorhergehenden Abschnitt vorgestellt wurden. Schließlich wurden in *Work Phase IV* unter Heranziehung qualitativer Methodik (Experten- sowie Fokusgruppen-Interviews) die Fachkulturen einzelner Disziplinen sowie die Organisationskultur ausgewählter Universitätsinstitute im europäischen Vergleich in den Blick genommen.

Insofern wurden sowohl strukturelle Aspekte der Universitäten und Wissenschaftssysteme in Europa als auch informelle Regeln und Einflüsse vergleichend behandelt, die sich möglicherweise fördernd oder auch hindernd auf den beruflichen Werdegang bzw. den Karriereweg von WissenschaftlerInnen auswirken. Während die formalen Aspekte in der Regel Ergebnis der historischen Entwicklung und der Einbindung der Universität in den jeweiligen landestypischen administrativen Kontext sind, ist die informelle Dimension meist Teil der Organisations- und zum Teil auch der Fachkultur. De facto basierte der methodologische Zugang des Netzwerkes zur Thematik auf dem Ansatz des akteurszentrierten Institutionalismus (Scharpf 2000), der von einem Zusammenspiel zwischen Struktur und Individuum ausgeht, wobei der jeweilige Handlungspfad sowohl durch die Strukturierung des Kontextes wie auch durch Sozialisation und Erfahrungshorizont des oder der Handelnden bestimmt wird. Somit wurde davon ausgegangen, dass das jeweils spezifische Zusammenspiel von Struktur und Kultur die Karrierechancen von Frauen an den europäischen Universitäten befördert oder aber eben behindert. Oder anders ausgedrückt: Es besteht zweifellos inzwischen eine vergleichsweise gute Chancenstruktur – ein *Window of Opportunity* – für weibliche Wissenschaftler, um an den Universitäten in Europa voranzukommen. Aber ob und unter welchen Bedingungen Akademikerinnen hinsichtlich einer Berufung auf eine Professur erfolgreich sind, hängt von einem ganzen Set von Faktoren ab, wozu die Tradition und der Aufbau des Wissenschaftssystems in dem betreffenden Land ebenso zu rechnen sind wie die jeweilige Fachkultur, das Organisationsklima an den Universitäten und nicht zuletzt die individuelle Persönlichkeit der Wissenschaftlerin.

Die Ergebnisse der verschiedenen *Work Phases* sind dokumentiert in Working Papers, die gerade auch unter genderspezifischer Perspektive einen umfassenden Eindruck von der Vielfalt der Universitätssysteme vermitteln. Es wird mehr als deutlich, dass die Universitätssysteme der beteiligten sieben Länder nach wie vor ihren Traditionen stark verhaftet sind und Veränderungen nicht radikal, sondern eher pfadabhängig erfolgen. Zugleich zeigen sich aber auch deutliche Tendenzen der Konvergenz und Annäherung der Systeme. Im Besonderen trifft dies für die Finanzierungs- sowie die Managementstrukturen der Universitäten zu. Demgegenüber sind die Karrierewege noch immer eher den jeweiligen Universitätstraditionen verpflichtet. Allerdings ist gerade auch hier in jüngster Zeit einiges in Bewegung geraten.

2.2.6.2 Zu den Ergebnissen des Netzwerkes

Feminisierung der Europäischen Universitäten

Universitäten sind nicht zuletzt aufgrund ihrer Tradition Männerdomänen. Die Europäischen Universitäten als zentrale Institutionen der tertiären Bildung blicken auf eine lange Geschichte zurück, die zum Teil bis weit ins Mittelalter zurückreicht. Doch Frauen waren bis zum Ende des 19. Jahrhunderts gänzlich vom Universitätsbetrieb ausgeschlossen. Deutschland kommt hier keine Sonderrolle zu, wenngleich Frauen hierzulande der Zugang zur Universität im europäischen Vergleich doch recht spät zugestanden wurde. Vor diesem Hintergrund ist der Anstieg des Anteils von Frauen an der Studierendenschaft an allen Universitäten in Europa seit den 1960er und insbesondere seit den 1970er Jahren als revolutionär zu bewerten. Die Feminisierung der Studierendenschaft ist europaweit ohne jeden Zweifel ein wichtiger Schritt in Richtung Geschlechter- und insbesondere Chancengleichheit von Frauen. In jedem der am Netzwerk beteiligten Länder ist inzwischen die Hälfte der Studierenden weiblich. Allerdings wählen Frauen europaweit ähnlich ihre Fächer für Studium und spätere Berufstätigkeit. Insofern unterscheiden sich die Länder kaum hinsichtlich der Fächer- und Disziplinenwahl der weiblichen Studierenden. Wie in Deutschland so sind auch in den anderen europäischen Ländern weibliche Studierende ganz selten bei den Naturwissenschaften eingeschrieben, sie entscheiden sich primär für geistes-, sozialwissenschaftliche und pädagogische Fächer. Hier zeichnet sich noch kein entscheidender Wandel in Richtung Feminisierung ab. Allerdings sind mittlerweile überall in Europa die Studienfächer Rechts- und Wirtschaftswissenschaften sowie die Medizin in puncto Studierendenschaft weitgehend weiblich geprägt. Insofern hat eine Feminisierung der klassischen Professionen Jura und Medizin europaweit längst eingesetzt.

Dieses Bild ändert sich jedoch grundsätzlich, wenn man die verschiedenen Karrierestufen an der Universität betrachtet. Denn auf der Ebene der Professorenschaft ist die Feminisierung der Universität längst noch nicht vollzogen. Hier dominieren nach wie vor die männlichen Wissenschaftler. Dies gilt im besonderen Maße für die Spitzenpositionen, d. h. in Deutschland für die ehemaligen C 4- und heutigen W 3-Stellen. In keinem der am Netzwerk beteiligten Länder waren Professorinnen adäquat, d. h. entsprechend dem Anteil der weiblichen Studierenden des betreffenden Fachs sowie dem Anteil von Frauen an der Bevölkerung, in der Professorenschaft vertreten. Allerdings, so ist herauszustellen, bildeten die Länder Deutschland und Österreich die „Spitzenreiter" im Hinblick auf die Unterrepräsentanz der Frauen in der Professorenschaft, während Polen von den untersuchten Ländern anteilmäßig die meisten Frauen an der Professorenschaft aufzuweisen hatte. Doch auch in Polen war zum Zeitpunkt unserer Untersuchungen nicht einmal jede fünfte Professur weiblich besetzt. Zwar haben Frauen im Wissenschaftsbetrieb in jüngster Zeit deutlich an Terrain gewonnen, doch sind sie, und zwar europaweit, vor allem in den niedrigen Positionen und damit als Assistentinnen und Mitarbeiterinnen, jedoch deutlich seltener in den höheren Positionen und damit als Professorinnen zu finden. Nicht nur in Deutschland, sondern in ganz Europa haben Frauen eher eine niedrigere als eine Topposition im Berufsleben inne. Die Universitäten machen diesbezüglich keine Ausnahme.

Auch die Abwertung der Universitäten bzw. ihre Transformation vom „Elfenbeinturm" der Wissenschaft in durchstrukturierte und hoch regulierte Lernfabriken ist keineswegs ein deutsches Phänomen, sondern in allen Ländern Europas anzutreffen, und zwar trotz der stets anders lautenden Rhetorik der Politik. Der stärkste Indikator für die schleichende Abwertung der Institution Universität ist der Rückgang der staatlichen finanziellen Förderung. Selbstverständlich lassen sich auch *Ups and Downs* bei der Wissenschaftsfinanzierung je nach Konjunktur und Zusammensetzung der Regierung in den einzelnen europäischen Ländern feststellen, doch der Langzeittrend ist offensichtlich: Die staatliche Investition pro Studierenden ist überall in Europa rückläufig. Die Gründe für diese Entwicklung stehen in engem Bezug zur aktuellen Veränderung von Staatlichkeit und damit zum Bedeutungsverlust des Nationalstaates.

Universitäten in turbulenter Umgebung

Obgleich eine Reihe von europäischen Universitäten auf eine lange und zum Teil bis weit ins Mittelalter zurückreichende Geschichte zurückblicken kann, liegen die Ursprünge der Universität, wie wir sie heute kennen, vorrangig im 19. Jahrhundert. Vor allem in der zweiten Hälfte des 19. Jahrhunderts entwickelten sich die europäischen Universitäten zu „Eliteinstitutionen" der tertiären Bildung. In deutlichem Kontrast zu den Universitäten im Mittelalter, die in der Tat internationale Bildungseinrichtungen in dem Sinne waren, dass ihr Lehrpersonal wie auch die Studierenden aus allen Ländern Europas kamen, standen die Universitäten im 19. Jahrhundert vor allem unter der Ägide des Nationalstaates. Sie wurden konzipiert und alimentiert, um Führungskräfte insbesondere für die Verwaltungen der Nationalstaaten auszubilden. Die Ausbildung der nationalen Eliten wurde zur Hauptaufgabe der Universität. Sprache, Kultur und in den zentralen Leitdisziplinen, wie etwa der Rechtswissenschaft, auch die Lehrinhalte wurden damals dezidiert auf den Bedarf des Nationalstaates und seiner wachsenden Verwaltung hin angelegt. Infolge eines zu der Zeit ungebrochenen Wissenschaftspositivismus genossen die Universitäten gleichzeitig den Status als Hort des Wissens und der Wahrheit sowie eines Garanten des Fortschritts und nationalstaatlichen Wohlstands. Im Kontext der nationalstaatlichen Institutionen kam ihnen auch insofern eine besondere Stellung zu, als sie durch die Ausbildung der nationalen Führungskräfte für den Fortschritt, die Wettbewerbsfähigkeit und damit das Wohlergehen der Nation Sorge trugen.

Infolge der Globalisierung sind heute jedoch Bedeutung und Rolle des Nationalstaates stark infrage gestellt. Damit steht die lange Zeit uneingeschränkte Legitimität der Universitäten als nationalstaatlich eingebundene Eliteinstitutionen auf dem Prüfstand. Vor diesem Hintergrund wird der überkommenen Einbindung der Universitäten, ihrer Verankerung in den jeweils spezifischen Rechts- und Verwaltungstraditionen der europäischen Länder, die wiederum ein Ergebnis der Ausbildung der Nationalstaatlichkeit im 19. Jahrhundert darstellen, zunehmend die Grundlage entzogen. Ausdruck und zugleich Ergebnis dieser Entwicklung sind die sich in der Mehrheit der europäischen Länder aktuell vollziehenden Veränderungen der Universitätslandschaften, wobei die Ziellinie, wenn auch mit unterschiedlichen Ausprägungen, überall in Richtung von *New Public Management*-Ansätzen und verstärkter Privatisierung geht. Auch hier entspricht die deutsche Entwicklung in hohem Maße dem allgemeinen Trend.

Wenn auch im Rahmen des Projektes ein „Nord-Süd-Gefälle" hinsichtlich der Reform- und Veränderungstendenz der Universitätssysteme festgestellt wurde, wobei die südlichen Länder eher eine „Nachzüglerposition" einnahmen, so gehen die Veränderungen insgesamt jedoch in die gleiche Richtung. Überall in Europa erfolgt eine Trendwende von der *Input*- zur *Output*-Steuerung der Universitäten. Konkurrenz- und Marktorientierung stehen ebenfalls überall ganz oben auf der reformpolitischen Agenda. Zunehmend werden europaweit

Universitäten nicht mehr in erster Linie als Eliteinstitutionen, sondern eher als Dienstleistungsbetriebe des globalisierten Bildungsmarktes gesehen. Der wachsende Anteil privater Universitäten, die nach rein betriebswirtschaftlichen Kriterien und vorrangig profitorientiert geführt werden, ist zwar ein gesamteuropäisches Phänomen, das aber verstärkt in den Transformationsländern des ehemaligen Ostblocks anzutreffen ist.

Auf Basis der Auswertung der Literatur wurden im Projektkontext drei „Universitätsmodelle" charakterisiert, wobei es sich jeweils um „Idealtypen" im Weberschen Sinn, also um Zuspitzungen der real in den Projektländern vorzufindenden institutionellen Arrangements handelt. Diese „Universitätsmodelle" waren zu ihrer Entstehungszeit eng mit der damals in den Projektländern vorherrschenden administrativen Kultur verbunden:

Das zentralistisch eingebettete napoleonische Modell der Universität als Produkt der französischen Verwaltungstradition betrachtet die Universität als einen integralen Teil des Staates.

Das unternehmerisch orientierte angelsächsische Modell Großbritanniens konzeptualisiert Universitäten als private Nonprofit-Organisationen, die von einem gewählten Vorstand geleitet werden, der verantwortlich für das Management der Organisation ist.

Das Humboldtsche Modell der Universität mit dem Ursprungsland Deutschland nimmt eine Zwischenstellung ein. In Übereinstimmung mit dem französischen Modell sind Universitäten Teil des Staates, sie genießen aber als Organisationen in Selbstverwaltung gleichzeitig gewisse Autonomie- und Freiheitsgrade von staatlicher Steuerung.

Zentralismus, Entrepreneurship und *Korporatismus* sind modellhaft die prägenden Staats- und Verwaltungstraditionen, die im 19. Jahrhundert in Europa ihre entscheidende Ausprägung erfuhren. Als Institutionen der Nationalstaaten wurden hiervon die Universitäten nachhaltig geprägt. Bis heute lassen sich diese Traditionen in den jeweiligen Managementkulturen der Universitäten einschließlich ihrer Personalpolitik und Rekrutierungsverfahren nachvollziehen. Für die Mehrheit der am Netzwerk beteiligten Länder – namentlich für Österreich, Polen und Schweden – war die Universität Humboldtscher Prägung lange Zeit das Referenzmodell erster Wahl. In jüngster Zeit zeichnet sich hier allerdings eine Trendwende ab und das angelsächsische Modell mit seinem Fokus auf Entrepreneurship gewinnt zunehmend an Bedeutung. Privatisierung und Marktorientierung sind die Schlagworte der aktuellen Universitätsreformdebatte in Europa. Aber diese Diskussion geht nicht mit einer Aufwertung des Stellenwerts der Universität einher. Ganz im Gegenteil, Universitäten werden in allen Ländern zunehmend in die Richtung einer an *Output*-Parametern und Effizienz orientierten Organisation gedrängt, die sich am Markt bewähren muss. Mit anderen Worten: Universitäten sollen sich zu Firmen entwickeln und auch die spezifische Rationalität eines Unternehmens übernehmen. Dieser generelle Trend, der in allen Projektländern deutlich wurde, hat maßgebliche Auswirkungen sowohl auf die Finanzierungs- als auch auf die Beschäftigungsstrukturen an Universitäten.

Während der Hochzeit des Wohlfahrtsstaates in den 1970er Jahren wurde der öffentliche Sektor als Garant einer effizienten Dienstleistungserstellung betrachtet. Zu dieser Zeit erfolgte parallel zum Ausbau des Wohlfahrtsstaates eine deutliche Zunahme des Personals im öffentlichen Dienst. In diese Periode fielen auch die „Öffnung" der Universitäten und die Erleichterung des Zugangs zur Universität für eher bildungsferne Schichten. Das Ergebnis dieses Trends war einerseits eine Verbesserung der sozialen Mobilität und insbesondere ein deutlicher Anstieg des Frauenanteils an der Studierendenschaft, andererseits kam es europaweit auch zum negativen Effekt der Entstehung von „Massenuniversitäten".

Im Gegensatz zum damaligen Zeitgeist wird heute jedoch vom öffentlichen Sektor nicht mehr viel erwartet, vielmehr gilt jetzt der private Bereich, d. h. die Privatwirtschaft, als Problemlöser erster Wahl. Dies hat zur Folge, dass im öffentlichen Bereich und damit im Sektor Staat Personal kontinuierlich abgebaut wird. Implizit wird damit jedoch den Universitäten als den klassischen Ausbildern des öffentlichen Sektors die 'Raison d'être' entzogen. Wenn jedoch Universitäten nicht mehr die erste Ausbildungsstätte für den öffentlichen Sektor darstellen, warum sollten sie dann noch großzügig öffentlich finanziert werden? Und wenn sie auch keine Eliteinstitutionen mehr sind, warum soll dann ihr Personal großzügig vergütet werden? Es zeigte sich im Rahmen des Projektes, dass die Universität als traditionsreiche Institution überall in Europa mit einer Legitimationskrise konfrontiert ist. Wofür Universitäten gut sind und welches ihre primären und welches ihre sekundären Aufgaben sein sollen, wird überall in Europa kontrovers diskutiert. Ihren ehemaligen „Elitestatus" haben Universitäten bereits überall in Europa ein gutes Stück weit eingebüßt. Sie entwickeln sich eher in Richtung „Lernfabriken", die sich vor allem auf die wechselnden Anforderungen eines globalisierten Arbeitsmarktes einzustellen haben. In keinem der am Projekt beteiligten Länder gab es eine nennenswerte Diskussion in der Richtung, dass Universitäten einen öffentlichen Raum für herrschaftsfreie Diskussion bieten oder dass sie ein Lernfeld zur Erprobung von Neuem und Alternativem zur Verfügung stellen. Auch das Thema Universität und soziale Mobilität wird kaum noch behandelt. Im Hinblick auf den Bildungs- und insbesondere den Universitätsbereich dominiert in Europa inzwischen ein Diskurs, der vorrangig an Markt-, Effizienz- und Wettbewerbskriterien orientiert ist.

Zunehmend prekäre Beschäftigungsverhältnisse an Europäischen Universitäten

Ein deutlicher Trend lässt auch sich daran ablesen, wie die Universitäten mit der neuen Situation umgehen. Um die Rückgänge bei der öffentlichen Förderung aufzufangen, gingen die Universitäten in den Projektländern dazu über, zum einen ein betriebswirtschaftliches Management einzuführen und zum anderen schlankere Personalstrukturen zu schaffen und die Gehaltsstrukturen zu diversifizieren.

Letzteres betraf insbesondere das wissenschaftliche Personal unterhalb der Professorenschaft. Zu den Maßnahmen zählen Gehaltskürzungen für wissenschaftliche MitarbeiterInnen und insbesondere die Schaffung einer ganzen Reihe von vergleichsweise prekären Beschäftigungsverhältnissen im Mittelbau, wie etwa des bzw. der Lehrbeauftragten auf Zeit. Unter den Projektländern waren Polen als Transformationsland sowie Großbritannien als Heimstätte des New Public Management Vorreiter der zunehmenden Prekarisierung der Beschäftigungsstrukturen an der Universität, während Schweden sich noch eher konservativ und damit arbeitnehmerfreundlich verhielt.

Durch die Einführung des New Public Management hat sich an den Universitäten Europas der Faktor Unsicherheit, der für Karrieren im Wissenschaftsbetrieb schon immer signifikant ausgeprägt war, weiter erhöht. Vor allem für NachwuchswissenschaftlerInnen wird eine Wissenschaftskarriere durch die Einführung von kurzzeitigen Beschäftigungsverhältnissen sowie aufgrund der Absenkung der Grundgehälter kontinuierlich unattraktiver. Wie die Ergebnisse des Netzwerkes jedoch klar ausweisen, sind von der Prekarisierung der Beschäftigungsverhältnisse an den europäischen Universitäten maßgeblich weibliche Wissenschaftler betroffen, weil diese aktuell verstärkt Beschäftigung im Bereich der tertiären Bildung nachfragen und gleichzeitig bei der Anstellung im Vergleich zu ihren männlichen Kollegen schlechter gestellt werden. Besonders deutlich wurde dies in Großbritannien, wo im Rahmen des Projektes weibliche Wissenschaftler als „the creeping proletariat of British academia" (Vazquez-Cupeiro 2001) charakterisiert wurden. Nicht nur in Polen sind daher Akademikerinnen Winners among Losers, die in jüngster Zeit verstärkt in gehobene Positionen, insbesondere Professuren, an den Universitäten gelangen, während parallel hierzu die Institution Universität an Status und Attraktivität als Arbeitgeber verliert. Wie im Rahmen des Projektes ebenfalls gezeigt werden konnte, sind es daher vor allem die jungen und weniger prestigeträchtigen Universitäten, die offen sind für Frauen, während die hoch angesehenen Universitäten mit langer Tradition und einem starken Standing in der Forschung für weibliche Wissenschaftlerinnen europaweit kaum zugänglich sind.

Wenn auch die Prekarisierung der Beschäftigungsverhältnisse an der Universität unterhalb der ProfessorInnen-Ebene ein genereller Trend in Europa darstellt, so lassen sich doch im Hinblick auf Ausprägung und Intensität länderspezifische Unterschiede feststellen. Auf Großbritannien wurde bereits eingegangen. Hier werden Universitäten schon seit einiger Zeit als „Cash Cows" und „Profit-making Machines" betrieben, die insbesondere auf die Adressierung des Studierendenmarktes in Asien und im Nahen Osten ausgelegt sind. Polen ist als ehemaliges Ostblockland insofern interessant, als sich hier ein Bildungsboom und eine Privatierungshausse vollziehen. Inzwischen ist das Universitätssystem in Polen zweigeteilt: Den traditionellen öffentlichen Universitäten steht ein neu entstandener Sektor privater Universitäten gegenüber. Infolge der niedrigen Gehälter an den öffentlichen Universitäten sind in Polen Mehrfacharbeitsverhältnisse von AkademikerInnen einschließlich der Professorenschaft die Regel. Neben ihrer Lehr- und Forschungstätigkeit an öffentlichen Universitäten ist das wissenschaftliche Personal gleichzeitig an einer oder mehreren privaten Universitäten beschäftigt.

Während der Laufzeit des Projektes wurden in Österreich und Deutschland die Personal- und Gehaltsstrukturen an den Universitäten gerade verändert. Die Ergebnisse dieser Reformen entsprechen aber durchaus dem europäischen Trend: Die Beschäftigungsverhältnisse werden unsicherer und die Verdienstmöglichkeiten gerade auf den Positionen für NachwuchswissenschaftlerInnen immer schlechter. Schweden und Frankreich zählten zu den beiden Ländern, deren Universitätssysteme eher veränderungsresistent waren. Während jedoch die Universitäten in Schweden sich in den Steuerungs- und Managementstrukturen deutlich dem angelsächsischen Modell anglichen, ohne jedoch die Prekarisierung der Beschäftigungsverhältnisse zu übernehmen, waren die französischen Universitäten in noch stärkerem Maße unterfinanziert als die deutschen. Gemäß den Ergebnissen des Projektes wurden die französischen Universitäten bislang in noch größerem Umfang als in Deutschland dazu benutzt, als „Parkinstanzen" für aktuell schwer in den Arbeitsmarkt zu integrierende Jugendliche und junge Erwachsene der Mittelschicht zu fungieren. Aufgrund der extremen Vermassung und der damit einhergehenden Überlastung mit Lehrverpflichtungen sind die Karrierechancen an den französischen Universitäten vergleichsweise ungünstig. Zumal die Universitäten de facto die „Schmuddelkinder" des französischen Wissenschaftsbetriebs darstellen. Privilegiert sind hier vor allem die Forschungseinrichtungen, wobei ein Wechsel von einer Universität an eine Forschungseinrichtung in der Regel schwierig ist. Maßgebliche Veränderungen des Karriereweges wurden während der Laufzeit des Projektes auch an den spanischen Universitäten eingeführt. Die Karrierewege an Universitäten in Spanien waren bisher in hohem Maße von Endogamie gekennzeichnet: Man rekrutierte seine Professorenschaft aus dem eigenen Hause. So hatten WissenschaftlerInnen aus der Provinz kaum eine Chance auf eine Professur an einer der großen Madrider Universitäten. Um das System transparenter zu machen und auch Mobilität zu ermöglichen, wurde die Anforderung eines zweiten Buches – also de facto die Habilitation – an den spanischen Universitäten eingeführt.

Karrierewege und Arbeitsalltag im europäischen Vergleich

Ein besonderes Highlight des Projektes war die Befragung von ProfessorInnen zu ihren Karrierewegen und ihrer Situation am Arbeitsplatz Universität. In den Projektländern haben sich mehr als 3000 Professoren und Professorinnen an der Befragung beteiligt, die als *Face-to-Face*-Interview (Polen), als telefonische Befragung (Deutschland, Österreich) oder als E-Mail-Befragung (Spanien, Frankreich, Schweden, Großbritannien) durchgeführt wurde.

Trotz nationaler Unterschiede und ungeachtet der Spezifik der Hochschulsysteme weisen die Ergebnisse der europaweiten Befragung von ProfessorInnen in ausgewählten Disziplinen und Fächergruppen einen deutlichen Trend zur Konvergenz der Berufs- und Karrierewege auf. Überall ist der Weg in die Professur, d. h. bis zur Daueranstellung in einer der Top-Positionen an den Universitäten vergleichsweise lang: Es bedarf überall einer zeitlichen Investition von circa acht bis zehn Jahren nach der Promotion. Polen nahm im Projektkontext hier eine Sonderstellung ein, da ProfessorInnen vom Staatspräsidenten ernannt werden und dies in der Regel erst etwa zehn Jahre nach der Habilitation erfolgt. In Polen waren daher die ProfessorInnen bei der Ernennung deutlich älter als in den anderen Projektländern. Gleichzeitig lässt sich die Beobachtung, die im Rahmen der Deutschlandstudie gemacht wurde, nämlich dass der Karriereweg zur Professur für männliche und weibliche Wissenschaftler zunehmend stringenter wird, auch für die anderen Projektländer festhalten. Überall in Europa werden an den Universitäten die Karrierepassagen zunehmend sehr zügig absolviert. Strebt ein junger Akademiker oder eine Akademikerin eine Universitätslaufbahn an, so sollte er oder sie möglichst nicht in der Praxis Erfahrungen sammeln, sich ausprobieren und „die reale Welt" außerhalb der Universität kennen lernen. „Quer einzusteigen" ist nicht zu empfehlen, da die Universitäten doch vergleichsweise geschlossene Systeme darstellen, deren Rationalität und Habitus man sich am besten sehr frühzeitig aneignet.

Überall in Europa sind Universitätslehrer vorrangig intrinsisch motiviert. „Spezifischen Neigungen nachgehen zu können" sowie die Möglichkeit, „autonom arbeiten zu können", wurden europaweit von den Befragten als die beiden wichtigsten Motive für die Entscheidung genannt, einen Berufs- und Karriereweg an der Universität einzuschlagen. Insofern ist es vor allem die Freiheit von Forschung und Lehre, die eine Tätigkeit an der Universität attraktiv macht. Im Gegensatz zur aktuellen hochschulpolitischen Debatte sind es eben nicht monetäre Anreize, die den Ausschlag für die Tätigkeit an einer Hochschule geben. Diesbezüglich lassen sich auch keine Unterschiede zwischen männlichen und weiblichen Wissenschaftlern feststellen.

Dass es sich bei der Professorenschaft um eine vergleichsweise homogene Gruppe handelt, wurde durch die Ergebnisse der Befragung in den anderen Projektländern bestätigt. Sowohl hinsichtlich der Motive für die Berufswahl als auch im Hinblick auf die Einschätzung, inwiefern diese Motive im Arbeitsalltag umgesetzt werden , unterscheiden sich männliche und weibliche Professoren kaum. Forschungstätigkeit ist für AkademikerInnen der entscheidende Anreiz für den Eintritt und Verbleib im Universitätssystem. Auch hinsichtlich der Absolvierung der verschiedenen Statuspassagen bestehen zwischen Frauen und Männern im Universitätsbetrieb kaum Unterschiede. Für den Abschluss von Studium, Promotion und die weitere Qualifizierung (Habilitation oder zweites Buch) benötigen männliche und weibliche Wissenschaftler in etwa gleich viel Zeit. Auch können im europäischen Vergleich keine gravierenden Unterschiede festgestellt werden im Hinblick auf die Performanz der WissenschaftlerInnen. Hinsichtlich Publikationsintensität und Mobilität sind die Professoren etwas stärker ausgewiesen, gleichzeitig weisen die Ergebnisse der Befragung für jedes der Projektländer sehr forschungsaktive Professorinnen aus. Auch hinsichtlich der sozialen Herkunft der europäischen Professorenschaft zeigen sich deutliche Gemeinsamkeiten. In den Projektländern kamen die befragten ProfessorInnen durchgängig aus Familien, in denen der Vater und in überdurchschnittlichem Maße auch die Mutter über eine sehr gute Schulbildung und häufig über einen Universitätsabschluss verfügten. Es ist europaweit mehr oder weniger das Bildungsbürgertum, das eine Universitätskarriere anstrebt. Hierbei zeigen die Ergebnisse der Befragung auch, dass die soziale Homogenität der Professorenschaft infolge einer Feminisierung weiter zunehmen wird. Weibliche Akademikerinnen kommen in noch stärkerem Maße als ihre männlichen Kollegen europaweit aus bildungsnahen Schichten. Trotz Prestigeverlust der Universitäten wurde der Hochschullehrerberuf von den Befragten als sehr positiv und prestigeträchtig angesehen. Auch hier fiel die Wertschätzung bei den Professorinnen im Vergleich zu ihren männlichen Kollegen stärker aus. Von ihnen wurde der Beruf des Hochschullehrers bzw. der Hochschullehrerin aus einer Auswahl von Berufen jeweils als derjenige mit dem höchsten Prestige eingeschätzt. Nicht zuletzt schlägt sich – zumindest bei den Professorinnen – die hohe Reputation des Berufs auch in der Partnerwahl nieder. Professorinnen sind nicht nur in Deutschland, sondern in ganz Europa vergleichsweise häufig mit Professoren verheiratet. Mehr als jede Zweite der befragten Professorinnen in Großbritannien (55%) und in Polen (54%), fast jede Zweite in Frankreich (43%) und Schweden (40%) waren mit einem Faculty Member verheiratet. Insgesamt waren die ProfessorInnen in der Retrospektive mit ihrer Berufswahl zufrieden, wenn sich auch länderspezifische Unterschiede feststellen lassen. So wurde von der Professorenschaft in Schweden insbesondere die Sicherheit des Berufs geschätzt, wogegen von den befragten französischen ProfessorInnen vor allem die geringen Verdienstmöglichkeiten kritisiert wurden. In Deutschland war dies zum Zeitpunkt der Befragung noch kein Thema. Interessant wäre hier eine Einschätzung von den neu berufenen ProfessorInnen, die in Deutschland jetzt nach dem veränderten Gehaltsschlüssel besoldet werden.

Analog zu den Ergebnissen der Befragung in Deutschland weisen auch die anderen europäischen Projektländer in weiten Bereichen kaum Unterschiede zwischen Professoren und Professorinnen aus. Dies ändert sich jedoch, wenn man sich den Fragen zuwendet, die auf den Arbeitsalltag in der Universität abzielen, die private Lebenssituation in den Blick nehmen sowie nach der Akzeptanz speziell von Wissenschaftlerinnen und nach ihrer Integration in den Wissenschaftsbetrieb fragen. So fühlen sich Professorinnen in weitaus stärkerem Maße von Überlastungs- und Burn-out-Symptomen betroffen als ihre männlichen Kollegen. Insbesondere macht ihnen die Verwaltungsarbeit zu schaffen. Die Überlastung mit administrativen Tätigkeiten wird in Frankreich von den Professorinnen ebenso stark empfunden wie in Österreich oder Großbritannien. Europaweit wird der Arbeitsalltag in der Universität von Professorinnen als anstrengender empfunden als von Professoren. Ein deutlicher Unterschied zwischen Professoren und Professorinnen lässt sich ferner hinsichtlich der Einschätzung zur Stellung der Frau in der Gesellschaft und zur Akzeptanz von Wissenschaftlerinnen an der Hochschule und im Wissenschaftsbetrieb feststellen. Während aus der Sicht der Professoren ihre weiblichen Kollegen allgemein anerkannt und in der Scientific Community wie auch im engeren universitären Umfeld voll akzeptiert und integriert sind, sieht dies aus Sicht der Professorinnen ganz anders aus. Nach ihrer Einschätzung ist es noch ein weiter Weg zur Gleichberechtigung. Professorinnen, so legen die Ergebnisse nahe, haben um ihre Akzeptanz im Berufsalltag und in der wissenschaftlichen Community wesentlich stärker zu kämpfen als ihre männlichen Kollegen. Insofern ist es nicht verwunderlich, dass die „Markteintrittskosten" zur Professur von den befragten Professorinnen in den Projektländern insgesamt als sehr hoch eingeschätzt wurden. In Spanien wie in Österreich oder in Schweden haben gemäß eigener Einschätzung Professorinnen in stärkerem Maße als ihre männlichen Kollegen auf soziale Kontakte, Zeit mit dem Partner oder mit der Familie verzichtet, um das Berufsziel Professur zu erreichen. Es ist daher auch ein „einsamer Weg" zum Berufsziel, zumindest in der Einschätzung der befragten Professorinnen. Deutliche Unterschiede zeigen sich insbesondere hinsichtlich der familiären Situation von Professoren und Professorinnen. Während die befragten Professoren in der Regel Kinder hatten, traf dies bei den Professorinnen nicht in gleicher Weise zu. Allerdings zeigen sich hier auch deutliche länderspezifische Unterschiede: Während in Polen eine deutliche Mehrheit der befragten Professorinnen Kinder hatte und nur jede fünfte polnische Professorin kinderlos war, hatte in Österreich sogar mehr als jede Zweite der befragten Professorinnen keine Kinder. Hinsichtlich der Vereinbarkeit von Hochschullehrerberuf und Familie bildete somit Deutschland zwar nicht das Schlusslicht unter den beteiligten sieben Ländern, rangierte aber dennoch an zweitletzter Stelle vor Österreich.

Auf der Grundlage der Ergebnisse der Befragung in den Projektländern kann man festhalten, dass sich aus der individuellen Perspektive betrachtet die Universitätssysteme in den beteiligten Ländern nicht grundlegend unterscheiden. Die Professorenschaft ist in ihrer Motivationsstruktur, ihren Zielsetzungen, aber auch in den Unterschieden zwischen Männern und Frauen hinsichtlich der Einschätzung des Universitätsalltags vergleichsweise homogen. In ganz Europa wird der Arbeitsalltag an der Universität von Professorinnen anders als von ihren männlichen Kollegen eingeschätzt. Überall fühlen sich Professorinnen in geringerem Umfang als ihre Kollegen akzeptiert und in den Hochschul- und Wissenschaftsbetrieb integriert. Diese doch sehr unterschiedliche Einschätzung des Berufsumfeldes von Frauen und Männern wurde im Rahmen des Projektes noch weiter bestätigt durch die Ergebnisse der qualitativen Befragungen bzw. der Experten- und Fokusgruppeninterviews. Hier wurde deutlich, dass weibliche Wissenschaftler nicht selten im Laufe ihres Berufsweges Verletzungen und persönlichen Anfeindungen ausgesetzt sind, die ihnen im wahrsten Sinne des Wortes das Leben an der Universität schwer machen.

Resümee

Es lassen sich sowohl strukturelle wie auch persönliche Gründe anführen, warum eine Feminisierung der Professorenschaft bisher kaum erfolgt ist, obgleich die europäischen Universitäten in ihrer Studierendenschaft inzwischen vorrangig weiblich geprägt sind. So gibt es auf der individuellen Ebene offensichtlich gute Gründe, warum junge Akademikerinnen den Beruf Hochschullehrerin eher nicht in Erwägung ziehen. Weder die Arbeitsbedingungen noch die finanziellen Aussichten sind so attraktiv, dass man sich schnell und gern für eine Karriere an der Universität und damit für einen weiteren Qualifikationsschritt nach der Promotion entscheiden würde. Die berufliche Welt außerhalb der Universität bietet eine Vielfalt von interessanten Positionen und beruflichen Perspektiven, die zudem eine bessere finanzielle Ausstattung beinhalten.

Zweifellos sind jedoch auch strukturelle Hindernisse anzuführen, die Frauen den Weg zur Professur erschweren. Gemäß den Ergebnissen des Netzwerkes ist ein Aufweichen des Humbodtschen Ansatzes der engen Verbindung von Forschung und Lehre als ein solcher hindernder Faktor zu werten. Die Differenzierung der Wissenschaftslandschaft in Universitäten als Lehrinstitutionen auf der einen Seite und Forschungsinstitutionen auf der anderen Seite ist unter den Gesichtspunkten der Rekrutierung und der Personalentwicklung nicht sinnvoll. Durch die Überlastung der Universitäten mit Lehraufgaben befinden sich die wissenschaftlichen MitarbeiterInnen in puncto Forschungsaktivität hier in einer deutlich ungünstigeren Position als ihre KollegInnen in Forschungsinstitutionen. Der Weg zur Professur führt aber über Forschungsleistungen und nicht über den Ausweis umfangreicher Lehrerfahrungen. Vor dem Hintergrund der Umstrukturierung der Studiengänge laufen jetzt Frauen zunehmend Gefahr, auf der Ebene der Lecturer bzw. der Lehrbeauftragten stecken zu bleiben.

Auch die Länge des Karriereweges wirkt sich für Frauen insofern nachteilig aus, als die stressigste Periode der beruflichen Qualifizierung zeitlich parallel zur Familiengründungsphase liegt. Zwar trifft dies auch für andere Berufe zu, doch sind die Gehälter während der verschiedenen Qualifizierungsphasen an der Universität nicht so zugeschnitten, dass eine Übertragung von Familien- und Betreuungsarbeit auf externe Anbieter finanziell in einem erheblichen Umfang zu realisieren wäre.

Schließlich sind kulturelle Faktoren zu nennen, die sich gerade für Frauen als hinderlich auf dem Weg zur Professur erweisen. Auf den ersten Blick sind Universitäten Institutionen, die durch Kollegialität und durch einen netten Umgang miteinander geprägt werden. Schaut man jedoch etwas hinter die Kulissen, so herrschen häufig Neid, Missgunst sowie nicht selten ein extrem schlechtes Betriebsklima. Gerade die Ergebnisse der qualitativen Studien, die in einzelnen Universitätsinstituten in Form von Einzel- und Fokusgruppen-Interviews durchgeführt wurden, weisen eine Organisationskultur aus, in der sich insbesondere Frauen nur schwer zurechtfinden. Gemäß den Ergebnissen des Netzwerkes zahlen Frauen einen höheren Preis für die akademische Karriere als ihre Kollegen. Sie haben erhebliche Anpassungsprobleme an die spezifische Organisationskultur der akademischen Welt. Ferner machen die Ergebnisse des Netzwerkes auch deutlich, dass Frauen, die es bis zur Professur geschafft haben, nicht immer unbedingt dafür Sorge tragen, dass die Universität als Arbeitsplatz für Frauen attraktiver wird. Die Ergebnisse des Netzwerkes weisen auf das Phänomen der „Königsbiene" hin, das unter weiblichen Wissenschaftlern gar nicht so selten anzutreffen ist. Diese „Königsbienen" sind Professorinnen, die sich der dominanten Organisationskultur in ihrem Fach und an ihrem Institut sehr gut angepasst haben und ihren Sonderstatus als Frau unter überwiegend männlichen Kollegen insofern verteidigen, als sie sich vergleichsweise unfreundlich und unkollegial gegenüber Kolleginnen und insbesondere gegenüber weiblichen Nachwuchswissenschaftlern verhalten. Anstatt ihre Position im System auszunutzen, um Akademikerinnen den Zutritt zur Universität als Arbeitsplatz zu erleichtern, arbeiten „Königsbienen" genau in die entgegengesetzte Richtung, indem sie gerade jungen Kolleginnen und insbesondere Mitarbeiterinnen das Leben schwer machen und vor allem häufig Anerkennung und Akzeptanz verweigern. Allerdings sind diese Beobachtungen keineswegs auf die Universität beschränkt. Die Universitäten nehmen nur insofern eine

194

Sonderrolle ein, als hier in der Studierendenschaft ein deutlicher Wandel hin zu einer Feminisierung stattgefunden hat, was jedoch keineswegs bislang in der Personalpolitik an den Universitäten hinreichend berücksichtigt wird.

Insofern ist abschließend festzuhalten: Generell ist die berufliche Situation von Frauen einschließlich der von Wissenschaftlerinnen nach wie vor durch horizontale wie vertikale Segregation gekennzeichnet. Frauen favorisieren ein Studium und damit auch eine spätere Wissenschaftskarriere in den Geisteswissenschaften, der Medizin und den Sozialwissenschaften, während sich vergleichsweise wenige Frauen für die Natur- oder Ingenieurwissenschaften entscheiden. Frauen sind tendenziell eher bereit als Männer, eine Teilzeitbeschäftigung anzunehmen sowie untergeordnete, dem Charakter einer Hilfstätigkeit entsprechende berufliche Positionen zu akzeptieren. Auch im Wissenschaftsbetrieb sind die Beschäftigungsverhältnisse von Frauen unsicherer und ihr Verdienst ist geringer als der von Männern. Wissenschaftlerinnen sind in den Eliteeinrichtungen des Wissenschaftsbetriebs deutlich unterrepräsentiert, und ihnen gelingt in geringerem Ausmaß als Wissenschaftlern der berufliche Aufstieg in die Spitzenpositionen der universitären Hierarchie. Infolge der tendenziellen Geschlossenheit von Mentoren- und informellen Netzwerken sind Wissenschaftlerinnen in geringerem Umfang in die forschungsorientierte Scientific Community integriert. Insbesondere dieser Ausschlussmechanismus wirkt insofern hinderlich für die Karriere, als Nachwuchswissenschaftlerinnen in geringerem Umfang als ihre männlichen Kollegen in Kontexte der Spitzenforschung eingebunden sind und stattdessen in lehrintensiven Beschäftigungsverhältnissen arbeiten, so dass sie die für weitere Karriere- und Statuspassagen notwendigen wissenschaftlichen Leistungen in geringerem Umfang erarbeiten können. Während Wissenschaftler weltweit in der Regel in familiären Strukturen leben, sind Wissenschaftlerinnen häufiger allein stehend und nicht selten kinderlos. Weltweit erhalten Wissenschaftlerinnen geringere Anerkennung für ihre Leistungen, so dass von ihnen tendenziell ein höheres Leistungsniveau als von ihren männlichen Kollegen erwartet wird. Dies hat nicht zuletzt die Untersuchung von Wenneras und Wold (2000) gezeigt, die einen deutlichen Genderbias zu Ungunsten der Wissenschaftlerinnen bei der Beurteilung von Forschungsanträgen und wissenschaftlichen Aufsätzen nachwiesen und die Genderneutralität von Peer Reviews nachhaltig in Frage stellten. Insofern ist es noch ein weiter Weg, bis die Feminisierung der Studierendenschaft auch zu einer Feminisierung der Professorenschaft führen wird. Zwar deutet einiges darauf hin, dass sich die Universitäten für Wissenschaftlerinnen zunehmend öffnen, allerdings erfolgt dies gleichzeitig mit einem Attraktivitätsverlust der Universität im Hinblick auf Arbeitsbedingungen, Prestige und Besoldung. Längst sind Universitäten keine Institutionen mehr zur Ausbildung einer kleinen nationalen Elite, vielmehr sind sie inzwischen Lehrinstitutionen und „Lernfabriken", die sich auf einem globalen Lehr- und Forschungsmarkt behaupten müssen. Frauen als „fleißige Lieschen" im durchstrukturierten Lernbetrieb der vielen neuen Studiengänge mit hoher Lehr- und Prüfungsbelastung sind hier vermutlich gut zu gebrauchen.

Literaturverzeichnis

Abele, Andrea (2003): Frauenkarrieren in Wirtschaft und Wissenschaft – Ergebnisse der Erlanger Langzeitstudien BELA-E und MATHE. In: Zeitschrift für Frauenforschung und Geschlechterstudien (21)4, S. 49-61.

Abele, Andrea/Neunzert, Helmut/Tobies, Renate (2004): Traumjob Mathematik! Berufswege von Frauen und Männern in der Mathematik. Basel, Boston, Berlin.

Acker, Joan (1990): Hierarchies, Jobs, Bodies: A Theory of Gendered Organizations. In: Gender & Society (4)2, S. 139-158.

Allmendinger, Jutta (1998): Berufliche Werdegänge von Wissenschaftlerinnen in der Max–Planck–Gesellschaft. In: Internationales Institut für Empirische Sozialökonomie (Hg.): Erwerbsarbeit und Erwerbsbevölkerung im Wandel: Anpassungsprobleme einer alternden Gesellschaft. Frankfurt/M., S. 143-153.

Altbach, Philip G. (Hg.) (1996): The International Academic Profession: Portraits of Fourteen Countries. Princeton.

Anger, Hans (1960): Probleme der deutschen Universität. Tübingen.

Arendes, Cord (2005): Politikwissenschaft in Deutschland. Standorte, Studiengänge und Professorenschaft 1949-1999. Wiesbaden.

Bauer, Annemarie et al. (1993): Die Regel der Ausnahme. Hochschulfrauen. Eine empirische Untersuchung über die Lebensumstände von Wissenschaftlerinnen an den Universitäten in Baden-Württemberg. Frankfurt/M.

Baume, Brita/Felber, Christina (1994): Anpassung, Verweigerung und Widerspruch – nun lebenslang? Zur Situation und zu Erfahrungen von Wissenschaftlerinnen (Ost) in der Phase der Umstrukturierung der Hochschulen in Berlin und Brandenburg. In: Berliner Debatte Initial: Zeitschrift für sozialwissenschaftlichen Diskurs (1994)4, S. 53-63.

Baus, Magdalena (1994): Professorinnen an deutschen Universitäten. Analyse des Berufserfolgs. Heidelberg.

Bebbington, Diana (2001): Women Scientists in Higher Education: A Literature Review. Occasional Paper No. 1. Athena Project. London.

Becker, Ruth/Kortendiek, Beate (Hg.) (2004): Handbuch Frauen – und Geschlechterforschung. Theorie, Methoden, Empirie. Wiesbaden.

Bimmer, Brigitte (1972): Das Selbstverständnis der Akademikerin in Beruf und Familie. Eine empirische Untersuchung an Hessischen Hochschulen. Gießen.

Bleek, Wilhelm/Weber, Wolfhard (2003): Schöne neue Hochschulwelt. Idee und Wirklichkeit der Ruhr-Universität Bochum. Essen.

BLK (Bund-Länder-Kommission für Bildungsplanung und Forschungsförderung) (1999): „Nachfolgeaktivitäten für das Hochschulsonderprogramm III", http://www.bmbf.de/de/883.php, abgerufen am 07.11.2006.

BLK (Bund-Länder-Kommission für Bildungsplanung und Forschungsförderung) (2000): Frauen in der Wissenschaft – Entwicklung und Perspektiven auf dem Weg zur Chancengleichheit. Bonn.

BLK (Bund-Länder-Kommission für Bildungsplanung und Forschungsförderung) (2002): Frauen in Führungspositionen an Hochschulen und außerhochschulischen Forschungseinrichtungen. Sechste Fortschreibung des Datenmaterials. Bonn.

BLK (Bund-Länder-Kommission für Bildungsplanung und Forschungsförderung) (2005): Frauen in Führungspositionen an Hochschulen und außerhochschulischen Forschungseinrichtungen. Neunte Fortschreibung des Datenmaterials. Bonn.

BMBF (Bundesministerium für Bildung und Forschung) (2000): Grund- und Strukturdaten 1999/2000. Bonn.

BMBF (Bundesministerium für Bildung und Forschung) (2005): Stand der Einführung von Bachelor- und Masterstudiengängen im Bologna-Prozess sowie in ausgewählten Ländern Europas im Vergleich zu Deutschland. URL: http://www.bmbf.de/pub/bachelor_u_master_im_bolognaprozess_in_e u.pdf, abgerufen am 10.08.2006.

BMBF (Bundesministerium für Bildung und Forschung) (2006a): Grund- und Strukturdaten 2005. Bonn/Berlin. URL: http://www.bmbf.de/pub/ GuS_2005_ges_de.pdf, abgerufen am 07.07.2006.

BMBF (Bundesministerium für Bildung und Forschung) (2006b): Juniorprofessur. URL: http://www.bmbf.de/de/820.php, abgerufen am 03.07.2006.

Bochow, Michael/Joas, Hans (1987): Wissenschaft und Karriere. Frankfurt/M.

Boedeker, Elisabeth/Meyer-Plath, Maria (1974): 50 Jahre Habilitation von Frauen in Deutschland. Eine Dokumentation über den Zeitraum von 1920-1970. Göttingen.

Bourdieu, Pierre (1984): Distinction: A Social Critique of the Judgement of Taste. Cambridge, Massachusetts.

Bourdieu, Pierre (1987): Die feinen Unterschiede. Kritik der gesellschaftlichen Urteilskraft. Frankfurt/M.

Brennan, John/Shah, Tarla (2000): "Quality Assessment and Institutional Change: Experiences from 14 countries." In: Higher Education 40 (2000), S. 331-349.

Buchinger, Birgit/Gödl, Doris/Gschwandtner, Ulrike (2002): Berufskarrieren von Frauen und Männern an Österreichs Universitäten. Eine sozialwissenschaftliche Studie über die Vereinbarkeit von Beruf und Privatem. Hg.: BM-BWK. Wien.

Burkhardt, Anke (2004): Selektion nach Geschlecht im Bildungswesen – Bildungsbiographien im Spiegel der Statistik. Frankfurt/M.

CHE (Centrum für Hochschulentwicklung) (2004): Zwei Jahre Juniorprofessur. Analysen und Empfehlungen. Gütersloh.

Cole, Jonathan/Zuckerman, Harriet (1991): Marriage, Motherhood and Research Performance in Science. In: Zuckerman, Harriet/Cole, Jonathan/Bruer, John (Hg.): The Outer Circle. Women in the Scientific Community. New York, S. 157 – 171.

Coleman, James (1970): Political Money. In: American Political Science Review 64(1970), S. 1074-1087.

Cordes, Mechthild (2004): Gleichstellungspolitiken: von der Frauenförderung zum Gender Mainstreaming. In: Becker, Ruth/Kortendiek, Beate (Hg.): Handbuch Frauen- und Geschlechterforschung. Theorie, Methoden, Empirie. Wiesbaden, S. 712-720.

Costas, Ilse (2000): Professionalisierungsprozesse akademischer Berufe und Geschlecht – ein internationaler Vergleich. In: Dickmann, Elisabeth/Schöck-Quinteros, Eva (Hg.): Barrieren und Karrieren. Die Anfänge des Frauenstudiums in Deutschland. Berlin, S. 13-32.

Czada, Roland/Lehmbruch, Gerhard (Hg.) (1998): Transformationspfade in Ostdeutschland. Beiträge zur sektoralen Vereinigungspolitik. Frankfurt/M.

Dahrendorf, Ralf (1965): Gesellschaft und Demokratie in Deutschland. München.

Daly, Mary (2000): The Gender Division of Welfare. Cambridge.

Davis, Diane/Astin, Helen (1990). Life Cycle, Career Patterns and Gender Stratification in Academy: Breaking Myths and Exposing Truths. In: Stiver Lie, Susanne/O'Leary, Virginia (Hg.): Storming the Tower. Women in the Academic World. London, S. 89-107.

De Klerk, Rob et al. (1998): Quality Assessment and Educational Policy at the Universiteit van Amsterdam, The Netherlands. OECD/IMHE Paper.

Deutscher Bundestag (2001a): Gesetz zur Durchsetzung der Gleichstellung von Frauen und Männern (Gleichstellungsdurchsetzungsgesetz – DGleiG) vom 30. November 2001.

Deutscher Bundestag (2001b): Gesetzesentwurf der Bundesregierung, Entwurf eines Gesetzes zur Reform der Professorenbesoldung (Professorenbesoldungsreformgesetz - ProfBesReformG). 14. Wahlperiode. Drucksache 14/6852, 31.08.2001.

Deutsche Forschungsgemeinschaft (2006): DFG im Profil. URL: http://dfg.de/dfg_im_profil/struktur/index.html, abgerufen am 30.05.2006.

Duka, Barbara (1990): Biographie und wissenschaftlicher Werdegang. Narrative Interviews mit befristet Beschäftigten und aus dem Hochschuldienst ausgeschiedenen Wissenschaftlerinnen und Wissenschaftlern. Dortmund.

Dürkop, Marlis (1999): German Reunification and Opportunities for Reform: an Epilogue. Conference Paper of the Conference: Devided by Unity? Rebuilding Culture and Society after 1989: The Case of the Universities. Organised by the Heinrich Böll Foundation in cooperation with the Canadian Centre for German and European Studies at York University Toronto, Toronto 19 November, 1999. Berliner Hochschuldebatten. URL: www.hochschuldebatten.de/papers.htm, abgerufen am 30.06.2006.

Ellwein, Thomas (1992): Die deutsche Universität. Vom Mittelalter bis zur Gegenwart. Frankfurt/M.

Enders, Jürgen (2001): A Chair System in Transition: Promotion, Appointment and Gatekeeping in German Higher Education. In: Higher Education 41(2001)1/2, S. 3-25.

Enders, Jürgen/Teichler, Ulrich (1995): Berufsbild der Lehrenden und Forschenden an Hochschulen. Ergebnisse einer Befragung des wissenschaftlichen Personals an westdeutschen Hochschulen. Bonn.

Engler, Steffani (2001): „In Einsamkeit und Freiheit". Zur Konstruktion der wissenschaftlichen Persönlichkeit auf dem Weg zur Professur. Konstanz.

European Commission (2006): She-Figures 2006. Women and Science. Statistics and Indicators. Directorate General for Research. Brussels.

ETAN (2000): European Commission Working Group on Women and Science Policies in the European Union: Promoting Excellence through Mainstreaming Gender Equality. Luxemburg.

Farnham, David (1999): Managing Universities and Regulating Academic Labour Markets. In: Farnham, David (Hg.): Managing Academic Staff in Changing University Systems. International Trends and Comparisons. Buckingham, S. 3-31.

Faulstich-Wieland, Hannelore (1999): Weibliche Sozialisation zwischen geschlechterstereotyper Einengung und geschlechterbezogener Jugendbildung. In: Scarbath, Horst et al. (Hg.): Geschlechter. Zur Kritik und Neubestimmung geschlechterbezogener Sozialisation und Bildung. Opladen, S. 47-62.

Federkeil, Gero/Ziegele, Frank (2001): Globalhaushalte an Hochschulen in Deutschland. Entwicklungsstand und Empfehlungen. Gütersloh.

Fogelberg, Paul et al. (Hg.) (2000): Hard Work in the Academy. Helsinki.

Fox, Mary Frank (2003): Geschlecht, Lehrende und Promotionsstudium in den Natur- und Ingenieurwissenschaften. In: Wobbe, Theresa (Hg.): Zwischen Vorderbühne und Hinterbühne. Beiträge zum Wandel der Geschlechterbeziehungen in der Wissenschaft vom 17. Jahrhundert bis zur Gegenwart. Bielefeld, S. 239-258.

Fuchs, Hans-Werner/Reuter, Lutz R. (2000): Bildungspolitik in Deutschland. Opladen.

Führ, Christoph (1997): Deutsches Bildungswesen seit 1945. Grundzüge und Probleme. Köln.

Gardner, Donald G./Pierce, Jon L. (1998): Self-esteem and Self-efficacy within the Organizational Context: An Empirical Examination. Group and Organizational Management 23(1998), S. 48-70.

Geenen, Elke (1994): Blockierte Karrieren: Frauen in der Hochschule. Opladen.

Gildemeister, Regina (2004): Doing Gender: Soziale Praktiken der Geschlechterunterscheidung. In: Becker, Ruth/Kortendiek, Beate (Hg.): Handbuch der Frauen- und Geschlechterforschung. Wiesbaden, S. 132-140.

Gisbert, Kristin (2001): Geschlecht und Studienwahl. Biographische Analysen geschlechtstypischer und -untypischer Bildungswege. Münster, New York, München, Berlin.

Glaser, Hermann (2002): Kleine Kulturgeschichte Deutschlands im 20. Jahrhundert. München.

Göztepe-Celebi, Ece/Stallmann, Freia/Zimmer, Annette (2003): Introduction to: German Higher Education Reform from a Comparative Perspective. In: German Policy Studies 2(2003)3, S. 2-23.

Granovetter, Marc (1995): Getting a Job: A Study of Contacts and Careers. Chicago.

Hampe, Asta (1963): Frauen im akademischen Lehramt. In: Zur Situation der weiblichen Hochschullehrer, Vorträge auf der Tagung des Deutschen

Akademikerinnenbundes vom 7.11. Oktober 1962 in Bad Godesberg. Göttingen.

Hartmann, Michael (2004): Elitesoziologie. Eine Einführung. Frankfurt/M.

Hartung, Manuel (2006): Ein letzter Gruß: Sie sollte die angestaubte Berufspraxis an den Universitäten verändern. Jetzt steht die Juniorprofessur vor dem Aus. In: Die Zeit, Nr. 29, Juli 2006, S. 71.

Hasenjürgen, Brigitte (1996): Soziale Macht im Wissenschaftsspiel. SozialwissenschaftlerInnen und Frauenforscherinnen an der Hochschule. Münster.

Heiber, Helmut (1991): Universität unterm Hakenkreuz, Teil 1. Der Professor im Dritten Reich. München u. a.

Hochschulrahmengesetz (HRG) vom 19. Januar 1999. BGBl. I, S. 18. Bonn.

Holzbecher, Monika/Küllchen, Hildegard/Löther, Andrea (2002): Fach- und fakultätsspezifische Ursachen der Unterrepräsentanz von Frauen bei Promotionen. IFF-Forschungsreihe, Band 14. Bielefeld.

HRK (Hochschulrektorenkonferenz) (2005): Hochschulkompass der Hochschulrektorenkonferenz, URL: http://www.hochschulkompass.de, abgerufen am 05.07.2006.

Huisman, Jeroen (2003): Higher Education in Germany. CHEPS – Higher Education Monitor. Country Report. Enschede.

IFO, Institut für Wirtschaftsforschung e.V. (2006): Wer gewinnt durch die geplante Föderalismusreform? In: IFO-Schnelldienst 10(2006), S. 3-16.

Judge, Timothy A./Bono, Joyce E. (2001): Relationship of Core Self-evaluations Trait Self-esteem, Generalized Self-efficacy, Locus of Control, and Emotional Stability with Job Satisfaction and Job Performance: A Meta-analysis. Journal of Applied Psychology 86(2001), S. 80-92.

Kahlert, Heike (2003): Gender Mainstreaming an Hochschulen. Anleitung zum qualitätsbewussten Handeln. Opladen.

Kanter, Rosabeth M. (1977): Men and Women of the Corporation. New York.

Karpen, Ulrich (2003): Der verfassungsrechtliche Rahmen für den Hochschulbetrieb in Deutschland. In: Kämmerer, Jörn Axel/Rawert, Peter (Hg.): Hochschulstandort Deutschland: rechtlicher Rahmen – politische Herausforderungen. Köln, S. 19-33.

Katzenstein, Peter Y. (1987): Policy and Politics in West Germany. The Growth of a Semi-sovereign State. Philadelphia.

Kirchhoff, Arthur (1897): Die Akademische Frau. Gutachten hervorragender Universitätsprofessoren, Frauenlehrer und Schriftsteller über die Befähigung der Frau zum wissenschaftlichen Studium und Berufe. Berlin.

Kleinau, Elke (Hg.) (1996): Geschichte der Mädchen und Frauenbildung. Frankfurt/M., New York.

KMK (Kultusministerkonferenz) (2006): Ständige Konferenz der Kultusminister der Länder in der Bundesrepublik Deutschland. Aufgaben und Organisation. URL: http://www.kmk.org/aufg-org/home1.htm, abgerufen am 03.07.2006.

Kortendiek, Beate (2005): „Das Netzwerk Frauenforschung Nordrhein-Westfalen" – Eine Chronologie. In: Beiträge zur feministischen Theorie und Praxis (2005)66/77, S. 103-117.

Kramer, Caroline (2000): Die Situation von Frauen in Hochschulen und Wissenschaft. In: Mischau, Anina/Kramer, Caroline/Blättel-Mink, Birgit

(Hg.): Frauen in Hochschule und Wissenschaft – Strategien der Förderung zwischen Integration und Autonomie. Baden-Baden, S. 23-48.

Kupfer, Antonia (2004): Universität und soziale Gerechtigkeit. Eine Bilanz der Hochschulreformen seit 1998. Frankfurt

Landtag Nordrhein-Westfalen (2006): Hochschulfreiheitsgesetz (HFG) in der Fassung des vom Kabinett am 30. Mai 2006 beschlossenen Regierungsentwurfes.   URL: http://www.innovation.nrw.de/Hochschulen_in_NRW/Recht/HFG.pdf , abgerufen am 10.08.2006.

Langewiesche, Dieter/Raphael, Lutz (1997): Universitäten im nationalsozialistisch beherrschten Europa. Göttingen.

Leeman, Regula J. (2002): Chancenungleichheiten im Wissenschaftssystem. Wie Geschlecht und Herkunft Karrieren beeinflussen. Chur/Zürich.

Lehmbruch, Gerhard (1996): Die korporative Verhandlungsdemokratie in Westmitteleuropa. In: Schweizerische Zeitschrift für Politische Wissenschaft (1996)2, S. 19-41.

Lewis, Jane (Hg.) (1993): Gender, Social Care and Welfare State Restructuring in Europe. Aldershot.

Lind, Inken (2004): Aufstieg oder Ausstieg? Karrierewege von Wissenschaftlerinnen. Bielefeld.

Löther, Andrea (2003): HWP-Fachprogramm Chancengleichheit für Frauen in Forschung und Lehre – Bilanz und Aussichten – 'Best Practice-Beispiele' (cews.publik.no6), Bonn.

Lorenz, Charlotte (1953): Entwicklung und Lage der weiblichen Lehrkräfte an den wissenschaftlichen Hochschulen Deutschlands. Berlin.

Lüth, Christoph (1983): Gesamthochschulpolitik in der Bundesrepublik Deutschland. Band Honnef

Maassen, Peter A. M. (1997): Quality in European Higher Education: Recent Trends and Their Historical Roots. In: European Journal of Higher Education 32(1997)2, S. 111-127.

Macha, Hildegard et al. (2000): Erfolgreiche Frauen. Wie sie wurden, was sie sind. Frankfurt/M., New York.

Macha, Hildegard/Paetzhold, Bettina (1992): Elemente beruflicher Identität von Wissenschaftlerinnen: Vereinbarkeit von Kind und Beruf? In: Brüderl, Leokardia/Paetzhold, Bettina (Hg.): Frauenleben zwischen Beruf und Familie. Weinheim, München, S. 123-138.

Majcher, Agniezka (2004): Women's inroads into German Academia. Training Paper: Women in European Universities. http://csn.uni-muenster.de/women-eu/start.htm, abgerufen am 11.10.2006

Majcher, Agnieszka (2005): Women in German Higher Education. Training Paper 01/05. Research and Training Network Women in European Universities (http://csn.uni-muenster.de/women-eu).

Majcher, Agnieszka (2006): Gendering the Academic Elite. University Expansion and Gender Inequality in Poland and Germany. Warschau.

Matiaske, Wenzel (1999): Job Satisfaction Revisited. Zur Statik und Dynamik von Arbeitszufriedenheit. Paderborn.

Matthies, Hildegard et al. (2001): Karrieren und Barrieren im Wissenschaftsbetrieb. Geschlechterdifferente Teilhabechancen in außeruniversitären Forschungseinrichtungen. Berlin.

Matthies, Hildegard/Simon, Dagmar (2004): Wissenschaft im Wandel – Chancen für ein neues Leitbild der Gleichstellungspolitik? Das Beispiel außeruniversitärer Forschungseinrichtungen. In: Oppen, Maria/Simon, Dagmar (Hg.): Verharrender Wandel. Institutionen und Geschlechterverhältnisse. Berlin, S. 281-309.

Mayntz, Renate (Hg.) (1994): Aufbruch und Reform von oben. Ostdeutsche Universitäten im Transformationsprozess. Frankfurt/M.

Mesletzky, Josephine (1996): Beruf und Familie bei Medizinerinnen und Medizinern. Pfaffenweiler.

Mohr, Wilma (1987): Frauen in der Wissenschaft. Ein Bericht zur sozialen Lage von Studentinnen und Wissenschaftlerinnen im Hochschulbereich. Freiburg.

Morley, Louise (1999): Organising Feminisms. The Micropolitics of the Academy. New York.

MWF NRW (Ministerium für Wissenschaft und Forschung des Landes Nordrhein-Westfalen) (2006): Lise Meitner Habilitationsprogramm. URL: http://www.gleichstellung.uni-dortmund.de/imperia/md/content /gleichstellung/ merkblatt_lise_meitner2004.pdf, abgerufen am 07.08.2006.

Neave, Guy (2001): The European Dimension in Higher Education: An Excursion into Modern Use of Historical Analogues. In: Huisman, Jeroen/Maassen, Peter/Neave, Guy (Hg.): Higher Education and the Nation State. The International Dimension of Higher Education. Amsterdam, S. 13-73.

OECD (Organisation for Economic Co-operation and Development) (2004): Education at a Glance – OECD Indicators 2004, OECD. Paris.

OECD (Organisation for Economic Co-operation and Development) (2005): Education at a Glance – OECD Indicators 2005, OECD. Paris.

Onnen–Isemann, Corinna/Oßwald, Ursula (1991): Aufstiegsbarrieren für Frauen im Universitätsbereich. Bonn.

Petry, Karen (2000): Mythos Chancengleichheit. Sportwissenschaftlerinnen in Deutschland und England. Aachen.

Pfetsch, Frank R. (1994): Wissenschaftspolitik in Deutschland. Drei Interaktionsmodelle: Weimar, Berlin, Bonn. In: Strobel, Karl (Hg.): Die Deutsche Universität im 20. Jahrhundert. Abhandlungen zum Studenten- und Hochschulwesen. Greifswald 5(1994), S. 218-237.

Plessner, Helmut (Hg.) (1956). Untersuchungen zur Lage der deutschen Hochschullehrer. Göttingen.

Pollitt, Christopher J./Bouckaert, Geert (2000): Public Management Reform. A Comparative Analysis. Oxford.

Powell, Gary N. (1999): Reflections on the Glass Ceiling. Recent Trends and Future Prospects. In Powell, Gary N. (Hg): Handbook of Gender and Work. London. S. 325 – 345.

Reinschke, Kurt J. (1994): Bolschewisierung der ostdeutschen Universitäten nach dem Zweiten Weltkrieg, dargestellt am Beispiel der Universität

Leipzig und der TH Dresden. In: Strobel, Karl (Hg.): Die Deutsche Universität im 20. Jahrhundert. Abhandlungen zum Studenten- und Hochschulwesen, Greifswald, 5(1994), S. 116-163.

Remy, Steven P. (2002): The Heidelberg Myth: the Nazification and Denazification of a German University. Cambridge, Massachusetts.

Röbbeke, Martina (2004): Schritt für Schritt in die Wissenschaft hinein – oder hinaus? Promotionsverlauf und -erfolg von Stipendiatinnen in den Sprach- und Kulturwissenschaften. In: Oppen, Maria/Simon, Dagmar (Hg.): Verharrender Wandel. Institutionen und Geschlechterverhältnisse. Berlin, S. 311-341.

Scharpf, Fritz W. (2000): Interaktionsformen. Akteurszentrierter Institutionalismus in der Politikforschung. Opladen.

Schenk, Anett (2005): Change and Legitimation – Social Democratic Governments and Higher Education Policies in Sweden and Germany. Stuttgart.

Schlüter, Anne (Hg.) (1992): Pionierinnen, Feministinnen, Karrierefrauen? Zur Geschichte des Frauenstudiums in Deutschland. Pfaffenweiler.

Schultz, Dagmar (1991): Das Geschlecht läuft immer mit: Die Arbeitswelt der Professorinnen und Professoren. Pfaffenweiler.

Seier, Helmut (1988): Hochschullehrerschaft im Dritten Reich. In: Schwabe, Klaus (Hg.): Deutsche Hochschullehrer als Elite 1815-1945. Boppard/Rhein, S. 247-297.

Semmer, Norbert/Udris, Ivars (2004): Bedeutung und Wirkung von Arbeit. In: Schuler, Heinz (Hg.): Lehrbuch Organisationspsychologie. Göttingen, S. 157-97.

Siemienska, Renata (2000): Women in Academy in Poland: Winners among Losers. In: Higher Education in Europe 2(2000), S.163-172.

Sommerkorn, Ingrid (1967): On the Position of Women in the University. Teaching Profession in England. An Interview Study of 100 Teachers. London.

Sonnert, Gerhard (1995): Who Succeeds in Science? The Gendered Dimension. New Brunswick.

Sonnert, Gerhard/Holton, Gerald (1995): Gender Differences in Science Careers. New Brunswick.

Spector, Paul E. (1997): Job Satisfaction. Application, Assessment, Causes, and Consequences. Thousand Oaks.

Statistisches Bundesamt (2001): Hochschulpersonal 2000. Professoren (C 4, C 3) nach ausgewählten Lehr- und Forschungsbereichen der fachlichen Zugehörigkeit, einzelnen Hochschulen und Geschlecht. (Speziell angeforderte Zusammenstellung des Statistischen Bundesamtes, auf Nachfrage erhältlich bei den Autoren). Wiesbaden.

Statistisches Bundesamt (2003): Hochschulstandort Deutschland 2003. Wiesbaden, http://www.destatis.de, abgerufen am 14.07.2006.

Statistisches Bundesamt (2005): Hochschulstandort Deutschland 2005. Wiesbaden. URL: http://www.destatis.de/presse/deutsch/pk/2005/hochschulstandort_d_2005i .pdf, abgerufen am 5.07.2006.

Statistisches Bundesamt (2006a): Frauenanteile in verschiedenen Stadien der akademischen Laufbahn. http://www.destatis.de/basis/d/biwiku/hochtab8.php, aktualisiert am 18. Oktober 2006, abgerufen am 25.12.2006.

Statistisches Bundesamt, (2006b): Lange Reihen – Studierende, http://www.destatis.de/indicators/d/lrbil01ad.htm, aktualisiert am 23.10.2006, abgerufen am 24.10.2006.

Statistisches Bundesamt, (2006c): Nichtmonetäre hochschulstatistische Kennzahlen 1980-2004. Statistisches Bundesamt, Fachserie 11, R 4.3.1, 1980-2004, Wiesbaden.

Statistisches Bundesamt (2006d): Bildung und Kultur. Studierende an Hochschulen. Vorbericht Wintersemester 2005/2006. Fachserie 11. Reihe 4.1. Wiesbaden.

Statistisches Bundesamt (2006e): Bildungsabschlüsse in Deutschland. http//www.destatis.de/basis/d/biwiku/bildab1.php, abgerufen am 05.12.06.

Stiver Lie, Susanne/O'Leary, Virginia (Hg.) (1990): Storming the Tower. Women in the Academic World. London.

Strehmel, Petra (1999): Karriereplanung mit Familie. Eine Studie über Wissenschaftlerinnen mit Kindern. Bielefeld.

Teichler, Ulrich (1996): Frauen in Hochschule und Beruf – eine Sekundäranalyse der Hochschulforschung. In: Metz-Göckel, Sigrid/Wetterer, Angelika (Hg.): Vorausdenken, Querdenken, Nachdenken. Frankfurt/M., S. 89-100.

The Helsinki Group on Women and Science (2002): National Policies on Women and Science in Europe. A Report about Women and Science in 30 Countries. By Professor Teresa Rees. Luxemburg.

Thränhardt, Dietrich (1999): Geschichte der Bundesrepublik Deutschland. Frankfurt/M.

Turner, Georg (2001): Hochschule zwischen Vorstellung und Wirklichkeit. Zur Geschichte der Hochschulreform im letzten Drittel des 20. Jahrhunderts. Berlin.

Vazquez-Cupeiro, Susana (2001): Are Women the Creeping 'Proletariats' of British Academia? A Statistical Portrait. Training Paper 02/01, Research and Training Network Women in European Universities (http://csn.uni-muenster.de/women-eu).

Vetter, Hans (1961): Zur Lage der Frau an den westdeutschen Hochschulen. Ergebnisse einer Befragung von Mannheimer und Heidelberger Studenten. In: Kölner Zeitschrift für Biologie und Sozialpsychologie, S. 644-660.

Vogel, Ulrike/Hinz, Christiana (2004): Wissenschaftskarriere, Geschlecht und Fachkultur. Bielefeld.

Wenneras, Christine/Wold, Agnes (2000): Vetternwirtschaft und Sexismus im Gutachterwesen. In: Krais, Beate (Hg.): Wissenschaftskultur und Geschlechterordnung. Über die verborgenen Mechanismen männlicher Dominanz in der akademischen Welt. Frankfurt/M., New York, S.107-120.

Wetterer, Angelika (1986): ‚Ja, geben tut's das, aber mir ist das nie passiert'. Was sagen subjektive Diskriminierungserfahrungen über die subjektive Situation von Wissenschaftlerinnen aus. In: Clemens, Bärbel et al. (Hg.): Töchter der Alma Mater. Frauen in der Berufs- und Hochschulforschung. Frankfurt/M., New York, S. 273-286.

Wetterer, Angelika (1989): „Es hat sich alles so ergeben, meinen Wünschen entsprechend" – Über die Planlosigkeit weiblicher Karrieren in der Wissenschaft. In: Bathe, Sylvie/Bierman, Ingrid/Hunfeld, Maria et al. (Hg.): Frauen in der Hochschule. Weinheim, S. 142-157.

Wetterer, Angelika (1999): Ausschließende Einschließung – marginalisierende Integration. Geschlechtskonstruktionen in Professionalisierungsprozessen. In: Neusel, Ayla/Wetterer, Angelika (Hg.): Vielfältige Verschiedenheiten. Geschlechterverhältnisse in Studium, Hochschule und Beruf. Frankfurt/M., New York, S. 223-253.

Wetterer, Angelika (2004): Konstruktion von Geschlecht: Reproduktionsweisen der Zweigeschlechtlichkeit. In: Becker, Ruth/Kortendiek, Beate (Hg.): Handbuch Frauen- und Geschlechterforschung. Theorie, Methoden, Empirie. Wiesbaden, S. 122-131.

Wilz, Sylvia Marlene (2002): Organisation und Geschlecht. Strukturelle Bindungen und kontingente Koppelungen. Opladen.

Wimbauer, Christine (1999): Organisation, Geschlecht, Karriere. Fallstudien aus einem Forschungsinstitut. Opladen.

Wintermantel, Margret (2006): Hochschulreform aus Sicht der Hochschulen. In: Aus Politik und Zeitgeschichte 48(2006), 27. November, S. 8-13.

Wissenschaftsrat (1993): Daten und Kennzahlen zur finanziellen Ausstattung der Hochschulen: alte Länder 1980, 1985 und 1990. Köln.

Witte, Johanna (2006): Die deutsche Umsetzung des Bologna-Prozesses. In: Aus Politik und Zeitgeschichte 48(2006), 27. November, S. 21-27.

Zuckerman, Harriet/Cole, Jonathan/Bruer, John (1991): The Outer Circle. Women in the Scientific Community. New York.

Fachserien

Bundesministerium für Bildung und Wissenschaft: Grund- und Strukturdaten. Bonn, München, Bad Honnef.

Statistisches Bundesamt: Statistisches Jahrbuch für die Bundesrepublik Deutschland. Wiesbaden.

Gender

Diana Auth &
Barbara Holland-Cunz (Hrsg.)
Grenzen der Bevölkerungspolitik
Strategien und Diskurse
demographischer Steuerung
2007. 200 S. Kt. 18,90 € (D), 19,50 €
(A), 33,40 SFr
ISBN 978-3-86649-047-5

Hannelore Faulstich-Wieland
Einführung in Genderstudien
UTB L. Einführungstexte
Erziehungswissenschaft, Bd. 12. 2.,
durchges. Auflage 2006. 232 S. Kt.
16,90 € (D), 17,40 € (A), 30,10 SFr
ISBN 978-3-8252-8256-1

Sabine Hering & Eva Gehltomholt
Das verwahrloste Mädchen
Diagnostik und Führsorge in der
Jugendhilfe zwischen Kriegsende und
Reform (1945-1965)
Frauen- und Genderforschung in der
Erziehungswissenschaft, Band 4
Mit einem Vorwort von Dietlinde
Gipser. 2006. 244 S. Kt. 24,90 € (D),
25,60 € (A), 43,70 SFr
ISBN 978-3-86649-037-6

Sigrid Metz-Göckel u.a.
Kinderlosigkeit und Elternschaft
von WissenschaftlerInnen
Beziehungen oder Bedingungen?
Eine empirische Studie zur
Kinderfrage. 2007. Ca. 150 S.
Kart. Ca. 12,90 € (D), 13,30 € (A),
23,50 SFr
ISBN 978-3-86649-093-2

Heyo Prahm (Hrsg.): Hermine
Heusler-Edenhuizen: Die erste
deutsche Frauenärztin
Lebenserinnerungen im Kampf um
den ärztlichen Beruf der Frau
3., akt. u. erw. Auflage 2005 m. vielen
Fotos und Materialergänzungen.
251 S. Kt. 36,00 € (D), 37,10 € (A),
62,00 SFr. ISBN 978-3-938094-38-9

Mino Vianello & Elena Caramazza
Gender, Raum und Macht
Auf dem Weg zu einer
postmaskulinen Gesellschaft
Aus dem Italienischen von Marie-
Luise Grün. 2007. Ca. 200 S. Kt. Ca.
16,90 € (D), 17,40 € (A), 30,10 SFr
ISBN 978-3-938094-45-7

In Ihrer Buchhandlung oder direkt bei

Verlag Barbara Budrich
Barbara Budrich Publishers
Stauffenbergstr. 7. D-51379 Leverkusen Opladen
Tel +49 (0)2171.344.594 • Fax +49 (0)2171.344.693 • info@budrich-verlag.de
US-office: Uschi Golden • 28347 Ridgebrook • Farmington Hills, MI 48334 • USA •
ph +1.248.488.9153 • info@barbara-budrich.net • www.barbara-budrich.net

www.budrich-verlag.de

Männer, Väter, Geschlechterverhältnis

Peter Döge
Männer – Paschas
und Nestflüchter?
Zeitverwendung von Männern in der
Bundesrepublik Deutschland.
2006. 178 S. Kt.
19,90 € (D), 20,50 € (A), 34,90 SFr.
ISBN 978-3-938094-32-7
Auf der Grundlage neuester Studien zur
Zeitverwendung von
Männern zeigt das Buch:
Männerleben ist im
Wandel.

Barbara Drinck
Vatertheorien
Geschichte
und Perspektive
2005. 257 S. Kt.
19,90 € (D), 20,50 € (A),
34,90 SFr
ISBN 978-3-938094-22-8
Das Buch analysiert die wichtigsten Vatertheorien und Vaterbilder auf der
Grundlage von pädagogischen, psycho-
logischen und soziologischen Beiträgen
der letzten 250 Jahre. Der gesamte Dis-
kussionsstand wird in einem genealogi-
schen Zusammenhang untersucht und
vorgestellt.

Gig-net (Hrsg.)
Gewalt im Geschlechterverhältnis
Erkenntnisse und Konsequenzen für
Politik, Wissenschaft und soziale Praxis
2007. Ca. 240 S. Kt.
19,90 € (D), 20,50 € (A), 34,90 SFr
ISBN 978-3-86649-054-3
Das Buch trägt Ergebnisse mehrerer
aktueller Studien zu interper-
sonaler Gewalt im Geschlechterverhältnis zusammen. Es
bietet neue Erkenntnisse zu
Ausmaß, Bedarf und Inan-
spruchnahme von Unterstützung in der gesundheitlichen,
psychosozialen, polizeilichen
und juristischen Praxis.

Jens Krabel
Olaf Stuve (Hrsg.)
Männer in „Frauen-
Berufen" der Pflege und Erziehung
2005. 160 S. Kt.
16,90 € (D), 17,40 € (A), 30,10 SFr
ISBN 978-3-938094-52-5
„Ein wichtiger und innovativer Beitrag in
der aktuellen Diskussion zur ge-
schlechtsuntypischen Berufswahl- und
Lebenslauforientierung..."
Berliner LehrerInnen-Zeitung

In Ihrer Buchhandlung oder direkt bei

Verlag Barbara Budrich
Barbara Budrich Publishers
Stauffenbergstr. 7. D-51379 Leverkusen Opladen
Tel +49 (0)2171.344.594 • Fax +49 (0)2171.344.693 • info@budrich-verlag.de
US-office: Uschi Golden • 28347 Ridgebrook • Farmington Hills, MI 48334 • USA •
ph +1.248.488.9153 • info@barbara-budrich.net • www.barbara-budrich.net

www.budrich-verlag.de